基于创新发展的高校思想政治教育研究

万娟◎著

吉林大学出版社
·长春·

图书在版编目(CIP)数据

基于创新发展的高校思想政治教育研究／万娟著. -- 长春：吉林大学出版社，2021.11
ISBN 978-7-5692-9697-6

Ⅰ.①基… Ⅱ.①万… Ⅲ.①大学生－思想政治教育－研究－中国 Ⅳ.①G641

中国版本图书馆 CIP 数据核字(2021)第 251633 号

书　　名	基于创新发展的高校思想政治教育研究
	JIYU CHUANGXIN FAZHAN DE GAOXIAO SIXIANG ZHENGZHI JIAOYU YANJIU
作　　者	万娟　著
策划编辑	董贵山
责任编辑	张宏亮
责任校对	殷丽爽
装帧设计	王斌
出版发行	吉林大学出版社
社　　址	长春市人民大街 4059 号
邮政编码	130021
发行电话	0431-89580028/29/21
网　　址	http://www.jlup.com.cn
电子邮箱	jdcbs@jlu.edu.cn
印　　刷	天津和萱印刷有限公司
开　　本	787mm×1092mm　1/16
印　　张	12.25
字　　数	219 千字
版　　次	2022 年 5 月　第 1 版
印　　次	2022 年 5 月　第 1 次
书　　号	ISBN 978-7-5692-9697-6
定　　价	72.00 元

版权所有　　翻印必究

前 言

高校在现代化建设中承担着培育社会主义合格建设者和可靠接班人的重要责任和光荣使命。高校作为思想政治教育的主阵地，其教学质量的好坏直接关系着大学生对于先进道德文化和理念的接受程度，决定着高校大学生的职业素养与基本修养。党的十八大以来，以习近平同志为核心的党中央高度重视对教育工作的领导，先后召开了全国高校思想政治工作会议、学校思想政治理论课教师座谈会等一系列重要会议，为全面贯彻党的教育方针，解决好"培养什么人、怎样培养人、为谁培养人"这个根本问题指明了方向。但从实际情况来看，面对新形势、新任务与新挑战，高校思想政治教育的成效与预期目标相比，仍有需要改进的余地，教育教学形势依旧严峻。为此，本书围绕"基于创新发展的高校思想政治教育研究"这一主题，对于高校思想政治教育进行了分析。

本书第一章内容为高等院校思想政治教育理论概述，主要从三方面的内容进行了详细的论述，分别是高等院校思想政治教育的概念、高等院校思想政治教育的理论探究、高等院校思想政治教育价值分析。本书第二章内容是高等院校思想政治教育的发展现状，主要分为两部分的内容，即当前高等院校思想政治教育现状、高等院校思想政治理论课教学效果不佳的原因。本书第三章内容是高等院校思想政治教育实践路径研究，包括两方面的内容，即高等院校思想政治教育实践机制建设、高等院校思想政治教育具体实践途径。本书第四章内容是高等院校思想政治教育创新发展，包括两方面的内容，即高等院校思想政治教育的新手段、高等院校思想政治教育实践资源创新。本书第五章内容是高等院校思想政治课质量评价体系建设，从高等院校思想政治教育评价体系概述、高等院校思想政治教育评价体系建设路径这两方面展开。

  在撰写本书的过程中，笔者得到了许多专家学者的帮助和指导，参考了大量的学术文献，在此表示真诚的感谢。本书内容系统全面，论述条理清晰、深入浅出，但由于笔者水平有限，书中难免会有疏漏之处，希望广大同行及时指正。

作者

2021 年 6 月

目 录

第一章 高等院校思想政治教育理论概述 ········· 1
第一节 高等院校思想政治教育的概念 ········· 1
第二节 高等院校思想政治教育的理论探究 ········· 5
第三节 高等院校思想政治教育价值分析 ········· 11

第二章 高等院校思想政治教育的发展现状 ········· 14
第一节 当前高等院校思想政治教育现状 ········· 14
第二节 高等院校思想政治课教学效果不佳的原因 ········· 29

第三章 高等院校思想政治教育实践路径研究 ········· 38
第一节 高等院校思想政治教育实践机制建设 ········· 38
第二节 高等院校思想政治教育具体实践途径 ········· 57

第四章 高等院校思想政治教育创新发展 ········· 85
第一节 高等院校思想政治教育的新手段 ········· 85
第二节 高等院校思想政治教育实践资源创新 ········· 122

第五章 高等院校思想政治课质量评价体系建设 ········· 157
第一节 高等院校思想政治教育评价体系概述 ········· 157
第二节 高等院校思想政治教育评价体系建设路径 ········· 168

参考文献 ········· 188

第一章 高等院校思想政治教育理论概述

本章是关于高等院校思想政治教育理论概述的，主要从"高等院校思想政治教育的概念""高等院校思想政治教育的理论探究""高等院校思想政治教育价值分析"这三个方面展开。

第一节 高等院校思想政治教育的概念

一、高等院校思想政治教育概念

对于思想政治教育，就主客体要素而言，学校管理层、教师教辅人员和受教育者诸单元协同作用，包括发挥家庭和社会因素的教育功能。就教育内容及其形式而言，政治意识的灌输是核心，塑造正确价值观念是其本质要求。需要指出的是，教育形式的多样化在实践中的表现是教育载体的多元化。就整体育人环境和基础条件而言，主客体所处的教育环境和当前社会可提供的物质基础与文化内核是主要内容，要产生作用必须具有可见的社会环境。同时思想政治教育不同阶段呈现不同特点，对社会环境产生反作用；受教育者不同节点的发展情况，对社会环境提出不同阶段的具体要求。高等院校思想政治理念的内涵要求关注教育的阶段性特点，教育目标在于消解高等院校学生在成长成才的各阶段的突出矛盾和关键问题，着力于破解思想政治教育连贯性的问题。教育主体的自觉影响和社会环境的自发影响对育人效果和实践过程产生作用。不同教育主体受个体能力、社会背景、价值追求、精神文化等影响，自觉和自发影响的效果有差异，甚至产生副作用。思想政治教育最终要求或者说理论价值在于辩证认识思想政治教育育人影响，消解不同因素的副作用，将积极因素功能最大化，将消极因素最小化，形成教育主客体、内容形式和环境辩证统一的影响合力。

二、高等院校学生思想政治教育研究情况

在思想政治教育的研究中，学者们对思想政治教育的定义进行了深入探讨，本书认可的思想政治教育的定义是指对一定的社会群体进行思想观念和政治观念的规范，从而形成统一的道德规范，通过对其实施有计划、有目的和有体系的训练与教学，使其行为和思想道德能够符合社会规范。

对高等院校学生来说，应把为国家和社会做贡献作为理想和抱负，而且助人为乐、拾金不昧、勤俭节约等是永恒不变的主题。

对于思想政治的研究，部分学者进行了区分。思想政治教育是对特定的群体进行有计划和有组织的影响，目的在于使其形成符合社会规范的思想与品德，主要是约束其行为，维护社会稳定。思想政治教育在高等院校的应用是要结合科学性与实效性，以政治教育为核心，以社会主义核心价值观为导向的教育活动。高等院校阶段的思想政治教育注重对基础社会道德的培养，引导学生树立正确的道德观念，从而能够达到约束其行为的目的。

思想政治教育已经成为高等院校教育阶段的必修课。通过对学生的知、情、意、行四个方面进行教育，最终实现思想政治教育的目标。思想政治教育突出了思想的作用，本质上是使教育对象形成符合社会规范的品德，从而减少影响社会秩序的行为。

思想政治理论课更突出了学校的作用，主要是学校在思想品德方面对学生进行的教育和教导，不仅是通过教师这一主体，学校的环境也会在无形中影响学生的思想品德。在实践中，思想政治教育和道德教育的内涵相互重合交叉，部分学校并没有对此进行严格的区分。但是二者在内涵上也有所区别，道德教育的核心在于思想道德，而思想政治教育则带有政治倾向性，涉及特定的阶级和政治背景，在教育内容上除了道德观念的培养，还要培养教学对象的爱国主义、民主与法治精神、集体主义精神等，同时

还要关注学生的心理健康。

进行思想政治教育是高等院校教育中必备的内容，而思想政治教育是实现思想品德教育的重要途径。高等院校设立思想政治教育课程的具体标准主要是价值观、态度与情感、能力、知识目标，高等院校思想政治教育的目标是依据高等院校学生阶段的身体特点、思想状况和学习习惯，维护学生身心健康，并且把现阶段传统的传授思想政治教育知识转变为注重学生的情感态度和价值观的有机结合。

需要注意的是，在高等院校学习阶段，思想政治教育需要借助一定的载体才能实现，是教育者对高等院校学生进行的有计划、有目的和有体系的教学活动，目的在于培养学生的道德品德，形成人与社会的协调发展。

载体是传播学和自然科学中涉及的研究内容，主要发挥传递或者承载的功能。随着自然科学中的部分理念被运到社会科学的研究中，载体这一概念也被借鉴过来。载体在思想政治教育中得到了广泛的应用与研究，其应用在于实现思想政治教育的目的，即培养社会主义的建设者和接班人。有学者认为实现思想政治教育目的需要进行一系列的活动，例如通过上课的形式讲授政治知识，学校举办竞赛活动，还有部分公益活动等，这些活动就是进行思想政治教育的载体。思想政治教育不会凭空发生，是需要通过一定的载体进行传播，这与文化的载体相类似。

思想政治教育学的发展至今已经超过三十年，依据其发展的历程和每个阶段的研究重点可以分为两个阶段：第一个阶段是思想政治教育学的起源，最早源于20世纪80年末，一直到90年代前期，由于思想政治教育的概念刚刚在国内兴起，所以以自发性研究为主，对思想政治教育载体的概念也没有明确。

第二阶段是从20世纪90年代后期至今，国内从事思想政治教育的学者对载体的关注度越来越高。张澎军在梳理前人研究的基础上对这一概念进行了比较详细的阐述，成为关于思想政治教育载体的重要理论研究[1]。贺才乐则从辩证的角度探讨思想和载体，该学者从历史的角度对比了国内外关于思想政治教育载体的相关理论，从更加宏观的视角去看待思想政治教育载体的作用，从人类社会发展的角度梳理思想政治教育载体在不同阶段扮演的角色，通过纵向和横向的比较，体现了载体的发展历程，并且在

---

[1] 林群，张澎军. 德性修养：人类文化精神的灵魂 [J]. 新长征，2002 (05)：28-29.

比较中明确了载体的特征，这对确定载体这一概念的外延和内涵有突出贡献①。

科技发展改变了人们的生活和交流方式，随着互联网技术的普遍应用推广，人类社会步入了信息时代。信息时代下，各种新媒体不断涌现，很多新的媒介已经开始影响人们的生产和生活，并且随着媒介的改变，人们的思考和交流方式也出现了新的改变。信息时代的到来使得学生接触到的信息更加多样，数量更加庞大，交流的渠道也被逐渐拓宽。思想政治教育载体的内涵与外延已经与以往有了明显区别，周晓欣研究了微信在现代思想政治教育中的作用，该学者认为微信已经成为新的教育载体，这种新的载体突破了传统教育载体的限制，让思想政治的教育变得更加具有时效性，而且开始逐渐打破时空的限制②。

三、高等院校思想政治教育的基本内涵

（一）从政治教育的角度看

高等院校思想政治教育是一个连贯的过程，是思想政治教育内容的信息传递过程，这个过程的发生并不受到时间或者地点的限制。教育本质上是一个互动与沟通的过程，教育者进行信息的传递，受教育者接收信息，结合自己的理解转化为知识，并且给予一定的反馈，将所学内容内化为自己的思想和行为。高等院校阶段进行的思想政治教育是价值观的教育。有学者认为从思想教育的各个因素来看，包括产生、发生过程、目标和主要内容等，思想政治教育的本质是政治教育。教育者将马克思主义、共产主义信仰和社会主义道德转化为教育内容，从而提高人民的整体道德素质。

（二）从精神产生的角度看

也有人从精神生产的角度分析思想政治教育的过程，认为高等院校思

---

① 贺才乐，张凯. 日本孝德教育内容及其对中国的启示 [J]. 广西教育学院学报，2018（05）：104-107.

② 周晓欣，张宁. "微时代"以微信为载体的思想政治教育探究 [J]. 教学与管理，2020（06）：107-109.

想政治教育的内容应该以价值审视和价值选择为基本内容，实际上是一种精神生产实践活动。还有学者对这种产生的过程进行了具体描述，认为思想教育要体现经济基础和上层建筑、思想活动和物质实践的统一，并且要处理好教育的主体和客体、内容与形式、过程与结果之间的关系。

第二节 高等院校思想政治教育的理论探究

一套可行的教学方式必须要有成熟的理论作为指导，在此基础上有效地指导思想政治教学更好地实施。本书在这部分会重点分析开展思想政治教育的理论指导。

一、课程教学理念

（一）课程教学理念的内涵

教学理念是关于教学实践的一种认识，表达人们对有关教学活动的一种理想。教学理念有相对稳定的一面，也有动态发展的一面，它是随着时代的需要和人们教学实践的不断深入发展的。对于教师来说，教学理念不仅是一种教学理想和教学态度，更是一种关于教育方法的观念。教师的课程教学理念直接影响教师对课程教学的态度，影响着教师对课程教学内容和教学方式的选择。

（二）高校思想政治教学应具备的理念

高等院校思想政治课是落实立德树人根本任务的关键课程，该课程教学所具备的教学理念既要顺应新课改的要求，也要符合课程自身的特殊要求。具体来看，高等院校思想政治课应具备的教学理念有以下几种。

第一，素质教育理念。面向全体学生、促进学生的全面发展、促进学生个性发展，这是素质教育的三大要义。面向全体学生强调每一个学生都能得到发展，不应只注重一部分人和少部分人的发展；促进学生个性发展强调在教育过程中要尊重个性，理解差异，因材施教，在共性的基础上促进学生个性的充分发展。素质教育理念是与应试教育理念完全不同的一种理念，是在应试教育弊端的基础上提出的，符合社会发展和个人发展需要的教育教学理念。虽然我国现在大力推进素质教育，教学中仍然以考试倾向为主。

第二，"以人为本"的教学理念。"以人为本"的教学理念是将学生看作教学的主体，关注学生已有的学习背景和知识经验。

第三，知识性与教育性相统一的教学理念。知识性是指通过该课程的教学，学生能够学习和掌握该学科的专业基础知识。教育性是指该课程承担着促使学生形成正确"三观"的重要使命。知识性与教育性相统一的教学理念，要求教师在教学过程中不仅要传授知识、讲解理论，同时还要注重学生思想品德的培养，将传授知识、提高觉悟、培养能力结合起来。

第四，开放性教学和教学生活化理念。长期以来，我国的思想政治教育的整个课堂教学带有"旧三中心"色彩，教学地点集中在课堂，教学内容主要以教材中的理论知识讲授为主，这种封闭式、灌输式的教学方式与学生生活实际相脱节，理论性过强，学生学习兴趣不高。高等院校思想政治教育的教学内容和教学形式不应该仅仅局限于教材和课堂，而是应该树立开放的教学理念。教学内容要紧跟时代发展的步伐；教学空间不仅仅局限于教室中的课堂教学，还应该利用一些校内外的教育实践基地进行教学。

二、马克思主义关于人的全面发展学说

人的全面发展观认为人的发展应该呈现新的发展状态，在广度和深度上消灭片面的、不平衡的、畸形的发展，进而实现自由发展，全面发展，充分发展。人的全面发展观符合中国特色社会主义进入新时代的育人要求，是思想政治教育理念的本质，其理论的现实性体现在思想政治教育要促进高等院校学生的全面自由发展。

我们要根据当今经济型社会的特点，结合学校专业以及学生特点，探索马克思主义基本原理内涵，提高课堂的实效性，丰富教学内容，吸引学生的注意力，推进高等院校思想政治教育理论层面更上一层。为此，教师

应使用贴近学生生活实际、符合现代教育教学规律的启发式、互动参与式等教学方法。笔者认为，在以马克思主义关于人的全面发展学说理论为基础的高等院校思想政治课中要注重学生的自身发展。

三、裴斯泰洛齐教育思想的影响

裴斯泰洛齐认为，道德教育的目的并不是在理论上树立条条框框，而是在行动上指明该怎么做。他认为学生的道德行为主要是在家庭里奠定基础的，所以裴斯泰洛齐很看重家庭教育，他把家庭教育列入教育体系中①。

四、杜威教育思想的影响

杜威提出了"一元论"教育观，他认为教育既是包含获取知识，即增长有益于人类社会进步经验的过程，也是培养品德，即养成有效参与社会生活能力的过程。在"一元论"教育观的基础上，杜威抨击奉行以课堂、教科书和教师为中心的"旧三中心"模式的传统教育。传统教育非常消极地对待学生，它脱离现实需要，脱离学生的经验生活，只是向学生灌输空洞的知识，它不尊重学生的需要和兴趣，甚至将学生在行动时想要表现自己的欲望扼杀于摇篮之中。学校的重心在任何地方，唯独不考虑学生的心理需要与能力。如此一来，传统教育抹杀了学生的个性，将学生置身于不断地、被动地接受知识的状态，最终导致的是对于学生天性的压制和时间、精力的浪费。杜威认为学生具有天生活动的兴趣，在实际教学中应照顾学生的兴趣，发展学生的个性。他认为现代教育的全部内容和目的是培养具有个性的人。

此外，"社会中心论"是杜威在"教育即生活""教育即生长""教育即经验改造"的基础上提出的教育思想，用以克服学校与学生生活存在彻底性分离的现实问题。按照杜威的想法，一切教育的根本问题是协调个人

---

① 裴斯泰洛齐. 裴斯泰洛齐教育论著选 [M]. 夏之莲译, 等译. 北京：人民教育出版社, 2001.

和社会关系的问题①。

五、唯物辩证法联系与发展的观点

唯物辩证法理论对于人们该如何正确看待问题等相关思维方式的剖析，给思想政治教育教学的开展带来了重要的启示。对于学生来说，他们的心理认知和对待问题的看法还未完全成熟，在面对矛盾冲突时所做出的判断会偏向主观，或孤立地抓住个别事实，而不是从联系中去掌握事实，这种用孤立的形而上学观点看问题，必然会歪曲事物的本质。思想政治教育教学就是重在让学生学会在矛盾冲突中学会全面地、一分为二地看待问题，以理性的态度面对复杂的社会生活。除了学生要如此，对于运用辩论式教学方式的教师来说也是一样。教师既要从发展的观点看问题，随时把握学生的思想动态，又要利用学生的"最近发展区"激发学生思维。

六、支架式教学理论

支架式教学理论是布鲁纳提出来的一种基本教学理念和教学策略。其核心观点是在教师的帮助下为学生构建问题解决和意义的概念框架，最后逐渐撤去支架，使学生学会和掌握在学习中的自我调节。其实思想政治教育教学与支架式教学理论有许多不谋而合之处，因此在此依据下可以直接有效地指导教学实施。

首先，支架式教学在搭建"脚手架"的环节是按照建构主义的代表人物维果茨基的"最近发展区"的要求对任务进行分解和建立的。而思想政治教育教学也是如此，在教学的活动设计环节也就是教学活动之前，教师既需要根据课标要求以及教材内容的要求，确定教学目标中学生所需要达到的水平，又要根据实际情况分析学生的目前认知能力水平，目的是在学生的活动中能够消除对于所有要解决的问题和原有能力之间的差异。

其次，支架式教学在创设问题情境环节，要求提供的问题情境能够激

---

① 约翰·杜威. 我的教育信条：杜威论教育 [M]. 彭正梅, 译. 上海：上海人民教育出版社, 2017.

发学生的兴趣，引起学生想要急迫解决当前认知冲突的愿望，解决问题的过程成为主要的学习活动。在高等院校思想政治教育中，教学路径之一其实就是在价值冲突中深化理解，创设冲突情境成为重要的前提和切入点。

其三，支架式教学既强调独立探索，也强调协作学习，预设各种可能会出现的情况，使得学生在受教育过程中减少不必要因素的影响。在高等院校思想政治教育中，可以开展与加强小组内以及小组之间的沟通与辩论，旨在希望学生在"异质"同伴之间发现思维和认知的差异，在这种碰撞之中，激发思维火花，学生对问题的认识将变得更为深刻。之后，学生对自己的评价和小组对个人的评价则通过提前设计好的评价表进行自评和互评。在评价的内容上，包括自我表达能力、尊重倾听能力、辩证思维能力、执行能力等方面的内容。

七、价值澄清理论

价值澄清理论兴起于 20 世纪 60 年代美国一场学校道德教育的改革尝试。由于价值澄清理论较多地运用于学校教育当中，且在理论上没有深入地阐述，因此该理论更偏重于教学方法的论述，旨在为教师提供一种指导实践的教学方法，对于高等院校思想政治课教学有重要的借鉴意义和理论启发。另一方面，由于价值澄清理论其存在的争议性不可避免地有一些弊端，辩论式教学可在此基础上吸取经验，探索行之有效的改进方法运用在辩论式教学中。

第一，价值澄清理论这一套模式反对传统的道德灌输，强调学生的主体地位，在开放的环境中学会价值判断与选择，并熟练地进行自我指导。这对于应对当今复杂多元的社会所带来的挑战是一种值得尝试的方法。辩论式教学的辩论目标具有澄清性，一方面是对相近或容易混淆的知识点进行澄清，另一方面则是面对价值冲突时教会学生如何进行价值判断和价值选择，这一目标与价值澄清理论中想要试图培养出运用已有条件为自己决定价值取向的人有着异曲同工之妙。

第二，价值澄清理论中运用最多以及最为灵活的教学方法就是澄清应答法，也称为谈话法。和苏格拉底的"产婆术"相类似，首先教师要营造一种民主和睦的氛围，让学生在轻松自在的环境下进行谈话与交流，这是谈话法的重要前提；其次，谈话法注重教师的引导作用，因此教师的提问技巧和问题至关重要。比如在学生提出自己的观点之后，通过提问让学生对这一观点具体化、清晰化，帮助学生确认自己的观点，以及是否会根据自己的想法付诸行动。辩论式教学是学生在教师的引导下、在民主和谐的氛围中，以深入讨论、对话、辩论、交流再辩的方式，结合辩论过程进行反思，最后正确认识知识、做出正确价值判断和行为选择的过程，很大程度上可以以此谈话法作为依据进行操作。

第三，价值澄清理论中还有一种教学方法称之为书面作业法，也叫作价值表填写法，此方法是将表格以书面形式下发给学生，由学生和教师共同选择有争议性的价值冲突问题，选择自己的立场，并按照价值澄清的评价步骤对问题进行评估，在个人完成表格之后以小组讨论的形式发表自己的想法。

八、国外相关的研究经验

国外社会主义国家的青年组织对其成员开展思想教育大多以爱国主义、公民道德、宗教伦理方面作为主要内容，没有系统的理论支撑，但也可为我们开展思想政治教育提供借鉴经验。当今世界仅存的中国、朝鲜、越南、老挝、古巴五个社会主义国家中，国外的带有社会主义性质的青年组织有朝鲜金日成-金正日主义青年同盟、越南胡志明共青团、老挝人民革命青年团、古巴共产主义青年联盟，这些组织以马克思主义为根本指导思想，服务主体是青年，这些青年组织对其成员开展思想政治教育时的方向是引导青年树立共产主义信仰。当今社会主义国家的思想教育得益于苏联时期的许多研究成果，苏联时期有价值的研究成果主要有：纳扎罗娃著、刘成彬等译的《青年共产主义信仰的形成》，苏霍姆林斯基的《年轻一代共产主义信念的形成》《学生的精神世界》《怎样培养真正的人》等。虽然苏联社会主义巨轮因国民信仰偏差失去航向被历史淹没，但其繁盛时期的研究成果对现今仍有重要价值意义。

综上所述，高等院校学生开展思想教育的方式繁多，内容方法取决于各自的国家社会制度和性质。资本主义国家对高等院校学生开展的思想教育多以宗教教育为基础内核，且宗教教育在全社会普遍存在，所以社会也承担着思想教育的责任，学生信仰的确立随着成长潜移默化。现存的社会主义国家对高等院校学生的思想政治教育主要是共产主义信仰教育为主。对于国外关于思想政治教育的内容方法，我们应使用马克思主义的立场、观点和方法，善于吸纳有益于我国研究新时代背景下对于高等院校学生的思想与信仰塑造的优良建树思想。

第三节　高等院校思想政治教育价值分析

将高等院校学生群体塑造成为对中国特色社会主义事业有益的人才是我们党和国家始终坚持的教育追求和新时代高等院校学生个人成长成才的现实需要。新时代赋予了高等院校学生新的历史使命，在新时代高等院校学生要以新面貌和新作为应对时代要求。思想政治教育是高等院校学生全面发展的重要法宝，做好思想政治教育，才能促使学生在错综复杂的社会现象中校准前进方向、获取精神动力、提升精神境界、健全完美人格。

一、提升高等院校学生精神境界

高等院校学生毕业之后普遍要投身于新时代中国特色社会主义伟大实践中，做好高等院校思想政治教育，使其牢固树立共产主义信仰，有利于高等院校学生在工作岗位上发挥先锋模范带头作用，做实事求是、艰苦奋斗、无私奉献、遵守纪律、脚踏实地、勤奋工作、忠于职守、全心全意为人民服务的模范。这也就要求高等院校学生要把共产主义信仰作为毕生追求，在改造客观世界的同时不断改造主观世界，做共产主义理想和社会主义共同理想的坚定信仰者和忠实实践者。正如马克思在《青年在选择职业时的考虑》中所说："如果我们选择了最能为人类福利而劳动的职业，那么重担就不能把我们压倒，因为这是为大家做出的牺牲[①]。"

高等院校学生群体是青年人中的先锋力量，需要将青春年华奉献给祖

[①] 马克思, 恩格斯. 马克思恩格斯论教育 [M]. 北京：人民教育出版社, 1986.

国的建设事业，需要在投身新时代中国特色社会主义伟大实践中拼搏奋斗，如果高等院校学生在学生阶段通过学习共产主义信仰的理论知识，在个人的成长成才和实现人生价值的道路上塑造起坚定的共产主义信仰，那么就能提升个人的精神境界，就会以坚定的信念投身共产主义事业，就能在毕业后对自己从事的工作产生深刻见解，即便参与最平凡的工作也将会对中国特色社会主义事业建设做出应有的贡献，发出属于青年一代的时代声音。

二、指明高等院校学生前进方向

高等院校思想政治教育可以成为高等院校学生实现个人理想和个人价值的重要理论指南，也为高等院校学生实现个人理想和个人价值指明了前进的方向。高等院校学生要在学习期间强化本领，扣好人生第一粒扣子，摒弃社会不良风气，踏实学、认真学，利用学校思想政治理论课的平台，读原著、悟原理，深刻理解马克思主义基本内涵，真正学懂弄通，学好高等院校思想政治理论课，为自己人生道路找寻到正确的前进方向。

三、使高等院校学生获取精神动力

随着我国社会主要矛盾的转变和社会中功利主义价值观的影响，高等院校学生的精神动力也面临着一些挑战,。初次之外，一些别有用心的国际势力利用中国发展中部分不平衡不公平的现象来无限放大，恶意诋毁中国，传输消极负面思潮，以达到从思想上遏制中国发展的目的，使得部分价值观本就发展不全面的高等院校学生可能在生活实践中丧失对奋斗的信心。

面对此种现象，高等院校学生需要从共产主义信仰中汲取精神动力，坚定对共产主义的信心。高等院校学生信仰共产主义不是宗教式的狂热，而是要把共产主义作为一种科学的理论来信仰，作为一种经过思辨后的选择，是以科学的态度对待科学，以真理的精神追求真理，从中汲取科学意义，获得精神动力，同时高等院校学生需要在实践中检验和发展真理，通过一个个可见的、阶段性目标的实现，为最高理想实现接力奋斗。高等院校学生在坚定共产主义信仰的过程中要把握学习和实践之间的关系，在学思悟践中获取精神动力，最终有效服务于国家和社会。

因此要加强高等院校思想政治教育，引导高等院校学生牢固树立"四个意识"，坚定"四个自信"，做到"两个维护"，用共产主义信仰来武装头脑、汲取精神动力，为实现"两个一百年"奋斗目标和实现中国民族伟大复兴的中国梦而不懈奋斗。

四、健全高等院校学生的完美人格

"人格是人类独有的、由先天获得的遗传素质与后天环境相互作用而形成的、能代表人类灵魂本质及个性特点的性格、气质、品德、品质、信仰、良心以及由此形成的尊严、魅力等。"人格是通过成长经历和学习感悟以及个人自觉的统一融合所形成的稳定的为人处世方式和心理态度，受个人价值观的影响，服务于个人理想追求。同时，人格也受年龄和心智的影响。高等院校学生人格的健全基本是在高等院校期间完成的。

健全完美的人格，主要表现为：有理想，抱负远大；有道德，品德高尚；有情感，亲和力强；有勇气，勇挑重担；有毅力，百折不挠；有信念，拼搏奋进；等等。共产主义信仰作为科学的信仰体系，具有崇高的精神价值，鼓舞人类进入最高的精神境界，塑造和健全完整的、高尚的人格。高等院校学生在学习生活中，难免会遇到事与愿违的情况，若学生没有塑造完整的人格，就会面对某些事物陷入精神迷茫，如果高等院校学生有坚定的共产主义信仰，高等院校学生的人生就会始终感到有明确的目标，就会热爱生活，在生活本身发现生活的意义，对生活有着无穷无尽的力量。高等院校学生的人生价值和完美人格的塑造和健全就存在于思想政治教育价值的实现过程中。

第二章 高等院校思想政治教育的发展现状

本章对高等院校思想政治教育的发展现状进行分析,主要从"当前高等院校思想政治教育现状""高等院校思想政治课教学效果不佳的原因"这两方面展开论述,以期为之后的实践途径分析提供一定的参考,促使广大读者了解到目前高等院校思想政治教育的现状。

第一节 当前高等院校思想政治教育现状

一、高等院校思想政治教育取得的进步

(一)完善的格局逐步形成

当前,很多高等院校重点做好学生思想政治教育的顶层设计和一体化建设,已经基本形成"大思想政治"育人格局。在相关部门的领导下,各高等院校结合本校办学历程和办学实际,瞄准新时代思想政治教育发展不平衡不充分的客观问题,着力破解新时代"大思想政治"格局难题。在校内,很多高等院校以主渠道和主阵地建设为核心,在党委领导下,基本形成主渠道:校长办公会—教务处—二级学院和思想政治教学部—专职教研人员的教学管理体系;主阵地:校党委—学生工部门—院系党政班子—辅导员日常管理体系。在校外,很多高等院校在各级政府部门的支持下,建立了范围较广、内容较丰富、形式较多的高等院校学生社会实践系统,通过高等院校学生顶岗实习、暑期社会实践、专业实习、支教支农等方式建

立一体化整体运行的高等院校学生校外育人实践载体。通过全社会共同努力，以高等院校为主体，社会育人为辅，充分运用校内外育人资源，重点提升高等院校学生思想政治教育的实效性，促成思想政治教育潜在价值向现实价值的转化。

1. 主渠道建设

主渠道建设即思想政治理论课建设，是以高等院校学生为对象开展政治理论灌输、价值规范引领的主要方式。理论课课堂教学需要宝贵的真实的育人资源。育人资源是十分丰富的，比如红色文化资源、影视资源、时政资源等。就高等院校而言，很多高等院校在融合发展方面取得一定成果，在一定程度上将一些资源融入了课程建设，以融合开发、研究和实践为抓手，实现了部分资源进教材、进课堂、进头脑并产生了育人效果。高等院校在开展思想政治理论课教学内容和方法多层次多样化建设中，较好的将优质育人资源融入课堂教学实践，在主渠道的建设中采用了多种教学手段，试点建设了多元化可操作的育人平台，同时依靠高等院校所在区域现存育人资源进行融合开发，将大量的素材、资源引入主渠道建设全过程。

思想政治理论课教学内容多样化需求，要求高等院校引进各类资源，并协同开发，将其与主渠道建设融合，实现教育内容的多样化，实现教学环节多层次。当下，高等院校的思想政治理论课课堂教学，通过网络和新媒体技术的介入，将大量的素材引入课堂，取得了一定成效。各高等院校思想政治理论课大都采用教育部统一编排的教材开展教学，有条件的学校根据自身特色采用校本教材，其主要成果突出表现在教材选取素材时既侧重全国性的资源，又选取了区域内特有或者独有的育人资源。同时，不同层次的高等院校在教材建设方面水平参差不齐；虽然受占有资源差异化的影响，不同学校在思想政治理论课课程建设过程中，将一些资源融入主渠道建设的效果都较好。

2. 主阵地建设

主阵地建设即高等院校日常思想政治教育工作，主阵地的主体在广义上包括：专门从事高等院校学生日常思想政治教育工作的劳动者即思想政治辅导员；院系党组织副书记、团总支负责人、学工队伍等。狭义上的主体专指高等院校思想政治辅导员，其工作内容包括：政治理论灌输、核心价值观引导、班团建设、入党考察、学风建设、日常事务处理、应对日常危机事件、心理健康教育、职业生涯规划指导、就业与创新创业指导等。其工作具有内容繁杂、范围广泛、理论素养要求高、管理能力突出等特点。

目前，主阵地建设要求辅导员将理论灌输和价值引导贯穿于高等院校学生日常学习、生活、工作当中，做到与主渠道协同互补，协调推进。思想政治教育在新时代要继续发挥育人的核心作用，必须契合新时代教育工作的时代主题，适应社会环境和育人环境的新变化，有效积极应对面临的深层次挑战和更加繁杂困难的局面。当前，主阵地工作的主要方式是：谈心谈话、主题班会、第二课堂、日常行为管理等，辅助以新媒体运用、信息技术平台和志愿实践活动等。很多高等院校辅导员在进行主阵地建设时取得了以下成果：

一是主阵地建设引导学生把握中华民族伟大复兴的历史使命。通过辅导员日常思想政治教育帮助学生主动承担起新时代赋予的历史使命，引导学生为实现中华民族伟大复兴的中国梦而努力奋斗，成长为合格的社会主义建设者和接班人。

二是坚持立德树人根本任务。在高等教育变革的新时期，定位中国特色社会主义发展的历史性时刻，高校辅导员坚持立德树人，以培养德才兼具的高素质人才为己任，主渠道与主阵地协同育人效果良好。

当前，主阵地建设建成了一定的实践载体，建设了一定规模和数量的以思想政治辅导员为主体的多种形式的育人平台，其中军事政治类遗址、抗战遗址资源是主要的实践载体。另一方面，辅导员自身能力素养取得了较大的提升，思维模式、理想信念、政治道德水平、多学科交叉研究等方面发展迅速。政治军事遗址、类抗战遗址的开发也为辅导员综合能力素质提升和学科交叉研究提供机会。

（二）发挥好价值引领作用

价值引领是高等院校开展青年学生思想政治教育的主要方向。高等院校非常重视学生的价值引领，以社会主义核心价值观为主导，关注学生思想状况和心理变化，把握青年学生塑造正确价值观、世界观、人生观的"拔节孕穗"期关键节点，发挥思想政治工作者桥梁作用，已经基本形成稳定的思想政治教育价值引领作用。

(三) 良好的融合机制得到推进

具体来说,很多高等院校以体系化的思想政治理论课和系统性的日常育人为主体,紧密结合各层次各方面思想政治育人资源,扎实推进实践育人、创新育人、文化和环境育人,着力打通融合机制的各个节点,依靠特有或独有的社会资源和管理机制,在规定动作不走样、自选动作有特色的前提下,充分发挥各类优势和资源,逐步推进多层次多方位融合机制建设。

二、高等院校思想政治教育的不足

(一) 思想政治教育的效果欠佳

目前,高等院校对学生进行思想政治教育,在方式上主要依赖于思想政治理论课,但在课堂上进行说教式的讲解往往效果不佳。故而现阶段高等院校思想政治课的形式应该多元化、丰富化开展,要跟现实结合起来善用之。思想政治课若继续采取说教式的、干巴巴的授课方式,迟早会使更多的学生产生排斥心理,不愿意或不认真上思想政治课、应付差事的情况只会愈演愈烈,利用思想政治课进行思想政治教育的主阵地也会失守。

(二) 高等院校思想政治教育缺乏协调性

贯彻协调发展理念,坚持全局协同,形成取长补短意识,才能推进思想政治教育协调发展。目前,高等院校的思想政治教育协调发展存在诸多问题,内卷现象突出,主要表现如下:

首先,教育内容系统不完善。主阵地与主渠道只是进行单向灌输,虽涉及时政热点,但仍以教材教学为主,可能会脱离学生学习生活实际,缺少实践载体的融合,造成学生无法产生兴趣甚至引发抵触情绪。其次,教育主体之间缺少联动。校内职能管理部门与教学科研单位协同育人意识不强,彼此之间的沟通与协作主要集中在业务工作和专业教学,甚至主阵地与主渠道之间很少进行协作。校外各行业各单位对育人工作缺乏主动性,片面认为育人只是高等院校职能，造成高等院校与社会融合不够，整体性效果发挥不理想，教育环境断层。高等院校学生的成长环境包含家庭、社会、学校，这三个环境彼此联系不够紧密，尤其是家庭教育与学校教育普遍存在断层现象。很多家庭认为把学生交给学校，为学生提供物质基础，片面认为家庭育人工作已经完成，与学校缺乏联动和无缝衔接。高等院校需全面协调各方面资源，尤其注重协调各方，凝聚力量，优化机制，提高能效，急需进行育人平台的共建共享和共同关注。

（三）高等院校思想政治教育管理机制不健全

有效成熟的管理机制是进行高等院校学生思想政治教育的重要手段，建设成熟完善的管理机制可以为学生搭建良好的育人平台。当下，管理机制存在以下问题：育人管理模式以层级管理为主。注重层层负责，忽视道德育人的长效性；过度关注学生行为管理和思想统一，忽略了思想政治教育价值引领和灌输的本质要求；片面要求落实责任，忽视了思想政治教育对学生创造性思维的培养。管理机制不健全导致内在层次不清晰和职责分工不明确，实际工作中只求尽职免责，造成信息交换不通畅，共享不及时，信息发布不透明，最终导致育人功能实效性不高。育人管理机制不健全导致辅导员育人职责定位不清。辅导员作为高等院校思想政治教育的主要工作者，日常行政性业务工作负担重，学术研究压力大，工作要求过度强调日常管理而忽略学生道德品质和法律意识的培养，造成辅导员无法专注于工作本身，育人效果不理想。

综上，机制不健全阻碍高等院校学生思想政治教育实效性愈发明显。受国内国外环境影响，网络媒体负面作用明显，缺乏科学机制的现实愈发紧迫，高等院校亟须革新思想政治教育管理机制。

（四）高等院校思想政治教育的共享不足

共建共享是中国特色社会主义事业的本质要求，也是思想政治教育的现实需要，还是新时代高等院校学生育人工作的时代呼唤。探索高等院校与社会、政府、家庭协同共建共享育人机制是高等院校谋划推动和高等院校学生思想政治教育工作理念革新的主基调。目前很多高等院校的思想政治教育育人实践机制研究与深化不能完全匹配新时代思想政治教育理念的革新，共建共享严重不足，主要表现在以下几个方面。

1. 教育资源的共享不足

市场化行为在教育行业需要区别对待，教育行业是不完全竞争行业，如何开展资源共建共享不只是高等院校的工作，是需要多方协调共进的工作。当前思想政治教育与教育类资源的融合发展不足。当前的教育资源是十分丰富的，但是很多时候不管是哪一方面在进行思想政治教育工作的时候，都难以切实利用好这些资源，与教育类资源的融合发展不足。

（1）教师人文素质与融合发展要求不匹配

教师作为教学工作的组织实施者，既要从事思想政治理论课的教学，还要综合运用各类资源和载体进行实践教育。因此，思想政治教育与教育类资源的融合发展需要更高人文素养的教师群体，当前高等院校教师人文素质整体水平较高但仍然与融合发展的要求不匹配。从狭义角度讲，高等院校教师是思想政治教育的实施者和推动者，也是全方位构建多元化载体的实践者。从广义角度讲，高等院校教师是全社会思想政治教育的主要参与者，也承担着其他教育者的教育引导作用，更是全社会共建共享多元化育人载体的实践者和推动者。

高等院校教师在研究和推动融合发展的构成中，定位于实施主体，同时又定位于主要参与者研究和建设实践载体。教师人文素养的高低关系到育人的成效，具备高水平的人文素养能够在实施教育活动过程中多维度对受教育者施加影响，达到教育目的；教师是否具备高水平的人文素养关系到全社会共同育人的实践认知水准，具备高水平的人文素养将以温和的方式对思想政治教育加以引导；教师是否具备高水平的人文素养关系到构建多元化思想政治教育载体的发展，具备高水平人文素养的教师在高等院校参与主导建设全社会共建共享的思想政治教育载体中将发挥主导作用。

针对思想政治教育和其他资源的融合，如何科学规划、合力建设、有序运营、实践育人，需要高等院校教师具备较高水平的人文素养。

（2）融合发展无法满足教育对象需求

在融合发展的过程中，受教育者包含学校师生为主体的思想政治教育对象。高等院校师生是主要对象，高等院校学生无疑是最主要的。在融合发展的过程中，不能单纯依赖资源的运用和活动开展而放弃思想政治教育主阵地——思想政治理论课，科学合理的实践方法应是二者有机融合，深度融合，促进思想政治理论课理论学习与实践教育紧密衔接、相得益彰。高等院校学生是政治教育融合的参与者、受教育者、实践者。

(3) 教育教学方法无法支撑融合发展

将各级各类资源充分融入高等院校思想政治教育，需要形式多样的教育教学方法，方法是将教育内容灌输给高等院校学生的主要路径。丰富生动的教育内容需要形式多样的教育方法支撑，缺乏高水平的教育艺术，那么各级各类资源就无法发挥其独有的育人价值，社会育人功能也无法呈现出应有的价值。

对于教学资源的开发保护和可持续性运营为高等院校创新教育方法提供了可行的现实基础。如何挖掘利用好教学资源，如何实现融合发展并将思想政治教育贯穿于其中，如何发挥教学资源的育人功能，是创新发展教育方法的方向之一。教学目标的实现，都需要基于融合发展的创新性教育方法的革新，因此教育方法驱动高等院校构建多元化载体。

(4) 教育环境制约融合发展

教育活动的实施，除了受到教育主体和客体的制约，还受到教育环境的影响。高等院校思想政治工作的开展，受到基础设施、人文环境、社会风俗、教育基础等多种因素的制约，有利的环境因素对教育活动的开展起到助推作用，不利的环境因素则会阻碍教育活动的开展和教育实施的推进。因此，教育环境的优劣一定程度上将决定融合发展的进程。

高等院校学生道德品质与法律意识的养成、政治理论素养的提升与其生活、学习、工作的客观环境息息相关，环境的影响是日益增强而又不易觉察的。教育环境不仅指高等院校内部的软硬件设施，还包括校外大环境。二者的融合发展，有利于充分发挥环境潜移默化的育人作用。实践当中，将教育活动贯穿于资源运用全过程，这有别于传统的思想政治育人，但其共同点在于此类型的教育环境是与思想政治教育行为协同的。开展高等院校思想政治教育的环境因素驱动多元化育人载体的构建。

(5) 融合发展缺少实践载体

除主渠道和主阵地建设外，还要求有其他途径的辅助，现阶段高等院校实践载体还较为匮乏。作为主阵地主渠道以外最重要的教育补充形式，实践育人是非常重要的，构建多元化实践载体可以弥补主阵地主渠道不具备的育人功能，实践载体将以自身独有的优势发挥着主阵地主渠道以外的育人功能。社会中有着丰富的实践育人载体资源，将其与高等院校思想政治教育融合，可以有效解决高等院校实践载体匮乏的现实问题。

当前，实践育人载体的需求愈发紧迫，实践活动数量较少、内容多而不精、形式有待丰富，这些都需要实践载体的创新发展。结合教育类资源的现状，以二者的融合发展为基础，将思想政治教育活动的载体构建在资源的运用上，是十分必要的。

2. 教育理念的片面性

伴随着交叉学科的发展和课程思想政治建设的不断深化，思想政治教育理念的革新未能实现多学科多领域的共建共享。不同领域的学科理论研究应该广泛应用于解决思想政治教育实际问题中，这既使非思想政治学科理论具有强大的育人价值，也为思想政治教育学科发展与理论研究提供新思维、新方向、新方法。从整体出发，其他领域的理念革新能够推动思想政治教育育人理念的革新，反之思想政治教育理念革新也为其他学科拓展研究视角、提升教学效果带来新的方向，因此思想政治教育与其他学科教育理念的革新应该做到共建共享。

3. 思政教育模式略显僵硬化

思想政治教育模式僵硬化主要体现在教育形式单一滞后、教育方法呆板僵化、教育内容单调枯燥。思想政治课教师只是按照课程标准进行备课，依托教材将固定的理论知识以单向灌输的形式传授给学生。教育者与被教育者彼此割裂，学生长期处于被动的学习状态，他们被迫沦为知识的存储器，应付完考试之后对课程很难提起兴趣，更别提学科认同感。课程设计枯燥乏味，教学方法过于简单，教学内容不能满足学生的需要，无论是中学还是高等院校，这样的问题都有所存在。因为僵硬化的教学模式，教学方法和教学内容都缺乏创新。这样的教育模式，不利于学生人格的完善与个性的发展，且使思想政治教育工作失去了预期的效果。

4. 校地合作实践机制缺少协调

近年，在"三全育人"理念指导下，结合"大思政"育人背景，校地合作共建共享的模式愈发重要，但普遍存在雷声大雨点小的现象。受制于此项工作正还处于推进阶段，许多地方政府在合作共建共享的实质性工作中还不够重视，没有完全落实。党政部门在此项工作的推进过程中，缺少协调机制，导致高等院校所在属地的党委政府未能完全重视思想政治教育实践机制共建共享的理念和要求。

5. 教育覆盖面不够全面

新的历史时期，我国思想政治教育面临诸多考验，其中一点就是思想政治教育的覆盖面狭窄，主要体现在教育范围局限化与教育阶段单一化。我国思想政治教育的重点教育对象是青少年学生群体，注重学生阶段的思想政治教育，但忽视了对于其他群体、其他年龄阶段的公民的思想政治教育，例如，对于普通人民群众的思想政治教育和对于社会边缘群体的思想政治教育等。思想政治教育的受教育者主要在学校的思想政治课上接受教育，但学生阶段只是人生中的一个很短暂的阶段，而且一个人在九年制义务教育的过程中，他所接受的思想政治教育，对其人生产生的实际影响也有待我们考量。如今，思想政治教育对于非学生群体的覆盖面略显狭窄，拓宽思想政治教育的覆盖面、受益面和对国民整体道德素质的提升是我们接下来需要重点解决的问题。

以我国的网民为例，随着互联网的发展与网络平台的增多，我国网络用户日益增加，截至2020年12月，我国网民规模为9.89亿，已占全球网民的五分之一，互联网普及率达70.4%，高于全球平均水平。但从近些年的网络风气来看，网络生态环境却不容乐观，网络造谣、无脑跟风、肆意谩骂以及恶意污名化等不良现象屡见不鲜，甚至一些恶性事件造成了极为负面的社会影响；相比之下，"正义之士"却越来越少，敢于发声者也越来越少。可见，我国网民的整体素质还有待提高，思想政治教育的受众范围还有待扩展。

人民群众是实现中国梦的强大能量，是实现社会主义现代化强国不可缺少的中坚力量与决定性力量。对于人民群众整体的思想道德素质、政治素养的提升至关重要，若人民群众人心向善，网络生态环境良好，则有利于国家与社会的和谐发展；若人民群众中出现不良之风，网络生态环境恶劣，则不利于国家与社会的和谐发展。

6. 以人为本理念没有落实

以学生为本是以人为本理念的重要体现，需继续强化这一理念，思想政治教育共建共享最终受益者不只是高等院校和学生，最终受益者是社会、政府和家庭。当前育人工作缺少共建共享的平台是需要高度重视的，需要着实解决多方联动共建共享的问题。

(五) 教师和学生方面的问题

1. 教师的"教"出现问题

(1) 教学积极性不高

教师教学积极性主要是指教师在教学活动中所表现出来的高参与度、工作热情以及工作的信心。通过对高等院校思想政治教师进行访谈，笔者发现当地的教师成就感低，教学积极性不足，他们对上好该课程缺乏信心，他们觉得自己能管好课堂纪律就已经很不错了。新教师刚开始从事教学工作时，比较有激情，对学生比较负责，但由于种种原因，教师的教学积极性和教学成就感被逐步地削弱了。

从学校来看，学校现行的评价制度依然以学生的考试成绩来评定教师的教学效果和教学能力。教学效果评价制度单一，教师在教学过程中干多干少一个样，教学积极性受挫。在和教师的访谈中，笔者能感觉到这些教师的挫败和无奈。

(2) 教学服务于考试

受应试教育和其他方面的影响，高等院校思想政治教师在教学过程中存在着重知识、轻能力和情感目标的现象，教学以服务考试为主。大多数教师在讲授时都以考试的知识点为主，对于考试不考的内容，以及课程教学中所要求的教学活动等相关内容基本上是一笔带过，很少带领学生进行探究和分析。一位教师谈及，她教学内容的多和少与学生的考试成绩相关，她在上课时多讲的一些课程内容，如果学生考得不好，她就让学生赶紧背书。

(3) 教学方式方法单一

高等院校思想政治教育的主要方法仍然是传统的课堂教学和日常的思想教育，采用多媒体授课方式仍然占主流。这种课堂教学的突出表现是"我教你学"的固化模式，以教师为主导，其教学效果依赖于教师主观能动性，忽视了教育对象主体性。其次是缺少载体。教育载体是基础，现阶段载体建设不能与教育教学相适应。当前，受网络新媒体技术的发展影响，很多高等院校的载体建设的发展方向集中在新媒体技术领域，忽视了实践性载体的创造与发展。

此外，对于评估模式缺少革新，在一定程度上忽视了对学生情感认同和价值认同的实践考察，一定程度上弱化了高等院校思想政治育人评价体系的建设，一定程度上削弱了高等院校的育人功能。

（4）少数教师素质有待提高

随着时代的发展，社会的进步，学生的身心特点在不断变化，综合素质水平也在不断提升，这对于教师的思想政治素养与专业素养来说，都是一种潜在的挑战。思想政治教育工作能否取得预期的效果，很大程度上取决于教师自身的素质和水平，高等院校思想政治理论课教师队伍的建设尤为关键。如今，我国大部分教师的素质是良好的，但有一小部分教师的道德素质水平还有待提高，整体教师队伍的师风师德建设仍有待完善。部分学校的部分教师，尤其是一些非思想政治理论课教师，还存在思想觉悟不高与思想境界不足的状况，他们未能做到为人师表，道德素质偏低、政治素养不高。这与社会主义核心价值观是相背离的。所以，我国在教师队伍的建设、对于教师道德水平与思想觉悟的提升方面，依然道阻且长。

2. 学生的"学"出现问题

学生学习的效果一般可以通过检测、日常行为、课堂参与等方面的情况来体现。高等院校思想政治教学需要达到让学生从"知道和了解"到"掌握和会用方法"，再到"情感体验、良好品质的形成、正确价值观的树立"的目标。然而在实际教学中，教学实效性不足，远远没有达到目标的要求，学生的认知和践行不足，情感态度价值观层面的教学目标难以实现。

（1）学生的知识掌握不足

学生以知识目标的完成为重点。然而，学生对课程的认识存在着很大的不足。大部分学生学习思想政治课程都是为了应付考试，并没有认识到该课程对个人成长的意义和作用，并且因为该课程所占分值比较低，学生基本上不重视该课程。

这样一来学生对课程的基础知识掌握不足。虽然教师在课堂上给学生勾画了重点，整理了复习资料，但是学生并没有真正地理解和掌握知识点，所以就算学生死记硬背，可在考试时学生不知道考题所考查的知识点，试卷检测成绩还是特别差，连"及格线"都很难达到。虽然分数不是进行教学评价的唯一要素，但检测分数在一定程度上也能反映出教师的教学效果和学生的学习效果。

(2) 学生课堂参与性不足

一堂完整的课堂教学，不仅要有教师的教，更要有学生的学，学生只有真正地参与到课堂教学的活动中，才能真正地学到知识。通过问卷调查和对教师的访谈结果显示，当前，在高等院校思想政治理论课的教学中，学生缺乏学习兴趣，课堂参与性不强，在课程教学中学生相对被动，学习的主体地位没有得到相应的发挥，对教师的依赖性比较强。

从对教师的访谈结果来看，在回答"学生课堂表现怎么样？"时，大部分教师都表示，学生的课堂表现不好，学习积极性不高，很少有学生主动回答问题，教师和学生之间的互动也比较少，教师在课堂教学过程中带动不了学生的积极性，学生在教学过程中的参与度非常低。有教师在谈到"课堂教学效果"和"学生的课堂表现"时，他说道："我在学校承担多个班的教学任务，教学效果和学生的课堂表现自然也就不一样，有的班的学生在课堂上比较遵规守纪，回答问题积极活跃，通过考试就可以看出教学效果比较好。相反，有的班不管是学生的课堂表现还是教学效果都不是很理想，并且和其他班的学生差距非常之大。"还有高等院校教师反映："学生在课堂上的参与度非常低，经常出现漫不经心、注意力不集中、课堂沉闷等问题，有些学生甚至在课堂上睡觉、玩手机，在自己严格要求下，这个学期学生在课堂上睡觉的现象有所好转。"

(3) 学生学习方式僵化

在学习方式上，高等院校学生在学习思想政治理论课程时，习惯被动地接受教师传授知识，不喜欢思考，主要以背诵、默写为主要的学习方式。教师在课堂教学时就会给学生勾画重点知识，在每节课的前5分钟，教师会针对上一节课的重点知识进行提问。大多数学生在课后基本不会复习课堂上所讲解的内容。他们认为，思想政治理论课取得好的成绩，只需要将知识点背熟，考试时根据知识点扩充一下答案就可以了，他们一般会选择在考试的前一个星期来背书，多以"临时抱佛脚"的学习方式应付考试。

一些高等院校学生在学习该课程时，学习态度也不端正，除了不会提前预习、课后及时复习，还经常不做课后作业。

(4) 学生理想信念缺失

理想指引着人生的方向，信念决定成败。一个人没有理想信念，就像一艘小船在大海中失去方向一样。理想信念就如同灯塔一样，为大海中航行的船指明前进的方向。对于高等院校学生而言，只有树立坚定的理想信念，才能承担起时代赋予的重任，才能在人生的道路上不断前行。笔者通过调研发现，一些高等院校学生不知道自己学习的目的和意义，没有理想，对自我发展目标和未来的生活缺乏规划。一位教师曾经问过学生，问他们的理想是什么？以后想从事什么工作？很多学生的回答是他们也不知道以后想干什么。这里可以看出很多学生对自己的理想和人生缺乏规划，没有改变生活现状的想法，缺乏斗志、安于现状。

(5) 学生道德行为失范

学生道德行为失范主要是指学生在学校生活环境中所表现出来的与社会道德要求不相适应的行为和表现。对于高等院校学生来说，这些失范行为包括盗窃、逃学、打架斗殴、不诚实行为等。学生要养成遵纪守法、诚实守信、谦逊有礼的道德行为习惯。笔者通过问卷调查和访谈了解到，一些高等院校思想政治理论课教学对学生道德行为并没有起到相应的引导和规范作用。

学生在学校抽烟、喝酒、打架、逃课、抄袭等行为时有发生，不能自觉遵守校规校纪，甚至有一些学生还出现违法行为，学生虽然知道什么是诚信，但在实际生活中，还是出现了一些不诚信的行为，抄袭作业和考试作弊只是其中一方面的反映。

此外，许多教师都反映学生"逃学"和"辍学"现象比较多。访谈中，某高等院校的一位教师说道："当前学生逃课现象严重，很多学生逃课并不是只逃一节课，有的学生甚至连续一个星期或者一个月逃学。前面几天为了迎接教学检查，学校直接给老师下发任务，在检查期间，要保证那些爱逃课的学生在学校，每个年级要成立责任组。"

综上，高等院校学生在道德行为上践行不足，学生的一些行为违反了校规校纪，甚至违反了法律，这些失范行为在一定程度上体现了思想政治教育的实效性不足，学生的道德认知和道德行为没有得到提高和改变。

三、新时代高等院校学生的思想方面的问题

（一）高等院校学生性格特点的特殊性

新时代的高等院校学生，普遍出生于 2000 年前后，"00"后更是占据大多数，受独生子女、年龄、教育和叛逆心理等因素的影响，个人心态意识容易与社会发展要求产生偏差。一些学生认为自己应该做自己命运的主宰，对于自我的意识十分强烈，该群体渴望得到关注，并尝试在社会上树立起独立的形象，在处理问题和学习过程中总是追求个性化、独特化，此种心态既有积极影响又有消极影响，若该群体能正确把握自我意识，将对整个群体产生积极的作用，如在武汉抗击疫情过程中涌现的一大批"00"后先进典型，敢为人先的劲头正是自我意识的积极表现；但若是一种偏执的自我意识就会转变为一种集体意识淡薄的表现，如以不喜欢某个教师或某项课程为由逃课等，就是一种消极的自我意识。学生拥有自我意识是好的方面，但由于其自身发展并不全面，对许多问题的看法并不成熟，若在消极的自我意识的错误坚持下，只能产生一个错误的结果。

（二）学生在信仰方面出现的问题

依笔者在现实中对高等院校学生群体的接触，可分析出新时代的高等院校学生的思想情况，目前，笔者发现学生在思想方面出现问题的主要原因在于信仰的缺失。部分学生存在信仰不坚定、信仰模糊的情况，此类情况成为阻碍对其进行思想政治教育的重要因素。学生在信仰方面出现的问题可归纳为三点。

1. 学生的主观意识强烈

新时代的高等院校学生正在享受着改革开放带来的发展成果，对于有些问题思考不甚全面，常常没有经过理论验证和科学分析得出结论，证明了青年人看待问题掺杂一定的主观意识，缺乏科学的理论支撑。同时，青年人经历波折和动荡就会对自己产生怀疑，在被问及"是否曾经在遇到困难时怀疑自己的信仰？"这一问题时，只有半数的人表示从不怀疑自己的信仰，可见在对高等院校学生群体的信仰塑造过程中，克服该群体的主观

假想性才能培养知行合一、信念坚定的接班人。

2. 严重偏差的出现

笔者通过分析发现，在学生的信仰中，虽然信仰共产主义的人不在少数，但仍有一部分青年人崇尚、拜金主义、个人主义、自由主义等。可以看出如今流传在高等院校学生群体的信仰是一个多元的、复杂的信仰体系，而严重的是一部分人的信仰已经与社会发展严重偏差。"千里之堤，溃于蚁穴"，高等院校学生群体中存在这样的极端情况势必会严重损害党的事业顺利推进，特别是在新时代背景下，大学生作为祖国建设的新生力量，担当着实现"中国梦"的历史责任，这一问题更应该及时被党和国家、社会所重视。

3. 模糊性的产生

在被问及入团动机时，部分学生认为加入共青团是受身边人的影响或学校要求学生入团，自身没有形成对共青团清晰的认识而主动入团，在被问及是否可以理解共产主义时，只有少部分人表示能全面地理解，其余人表示理解却无法表述、理解不全面和不理解，由此可证明新时代的高等院校学生对于自己的信仰问题存在一定的模糊性，模糊性的产生是由于个人成长经历、受教育环境、学习能力等诸多要素共同作用的结果。究其原因正是我国传统教育只注重成绩不看重过程的弊端，学生将学习过程过于功利化，在学习累积中不善于思考，导致具体问题模糊化。在青年人的共产主义信仰萌生和扎根方面，高等院校教育时期应该是最重要的时期，高等院校学生的思想存在的模糊盲从性问题应该是被关注的核心问题。

因为高等院校学生的思想存在主观假想性、形式多样性、模糊盲从性等特点，所以在对其进行思想政治教育的过程中增添了许多难度，故而要寻找出高等院校学生思想信仰存在不足的原因，提出解决问题的对策，这样才能消除影响，让其牢固树立共产主义信仰。

中国共产党团结带领全国各族人民团结一心，砥砺奋进，顽强拼搏，取得了举世瞩目的成绩，创造了彪炳史册的世界奇迹。科技和人才是社会稳固发展的前提，党和国家历来重视人才队伍的稳定性，对高层次人才进行必要的共产主义的熏陶一直是高等教育的重中之重，高等院校思想政治教育也一直是对学生进行共产主义信仰塑造的重要渠道，在新时代，习近平总书记对思想政治理论课开展的重要指示和一系列课程改革举措有力巩固了共产主义理论在高等院校学生群体中的传播。如近几年来脱贫攻坚中涌现的一大批利用自己学识本领带领贫困群众探索脱贫致富新路径的高等院校学生扶贫干部、抗击新冠疫情中涌现的舍生忘死的 90 后医护人员，以及在网络平台中维护国家名誉的年轻一代，他们身上所展现的健康、积极、向上的精神面貌和敢于担当的工作作风，无不体现出共产主义信仰在我国教育中的成功性。

第二节　高等院校思想政治课教学效果不佳的原因

思想政治教育过程中最基本的要素是教育主体（教育者）、教育客体（受教育者）、教育介体，影响因素是教育环境。在思想政治教程中必须牢牢地把握住教育主体、客体和介体三者之间的关系，同时也要注意教育环境对整个思想政治教育过程的影响。本书结合一线教师的访谈情况，将从教育主管部门和学校、教师、家庭和社会几个方面来分析原因。

一、教育主管部门和学校的原因

（一）课程的重视度不到位

"重视度"是指人们对某一事物的态度、所处地位的看法和观点。高等院校思想政治理论课是高等院校阶段引导和帮助学生健康成长的关键课程，但在实际的教学中，该课程的地位"堪忧"，常处于"副科"或者"边缘学科"的地位，没有得到足够的重视。虽然高等院校中已经没有什么副科的说法，但是与其他专业课程相比，思想政治理论课依旧可以算是"副科"。首先，从各高等院校对于学生思想政治理论课的考核来看，只要学生在期末考试中所占分数比重是高的，那么在最后就能以合格的成绩完成思想政治教育，这样的分值分配严重地削弱了学校、教师、学生以及家长对该课程的重视度和积极性。

其次，从学校的课时安排上来看，高等院校中思想政治理论课课时分配一周有两三节课，没有开设社会实践课。该课程的教师在访谈时反映，该课程的课时分配太少，课程内容知识点又相对太多。在教师访谈中，当问到"高等院校思想政治理论课在所有科目中所处的地位如何？"时，一位教师说道："客观上来讲，思想政治理论课应该来说是比较重要的，对学生的道德和行为的塑造起到了重要作用。主观上来讲，思想政治理论课在学校的实际教学中并没有得到应该有的重视，和一些专业学科相比，甚至和一些选修课相比，更是捉襟见肘，处于'副科'偏下的地位。"

（二）教学条件缺乏保障

第一，教学基础设施缺乏保障。教学基础设施是教师进行教学的基础保障，相对于其他经济发达地区而言，一些地区经济发展缓慢，教学的基础设施投入存在着不足，教学资源分配不均，相对地这些地区的高等院校的教学基础设施不完善。教学基础设施不完善也是阻碍思政课堂教学创新的因素。笔者通过访谈了解到，一些高等院校，尤其是在一些高职院校中，多媒体设备没有完全普及，只有一部分教室有多媒体教学设备，并且一些班级的多媒体教学设备还是坏的，一直没有维修。

第二，各种实践教学平台构建不足。高等院校思想政治理论课实践性很强，需要结合具体的社会实践来进行教学。但笔者通过访谈了解到，在实际教学过程中，无论是校内的实践还是校外的实践，开展得都特别少。学校层面没有搭建起配合该课程教学的实践平台，并且一些老师由于课时不够，考虑到学生的安全情况，基本上没有带领学生开展过校外实践活动。

第三，教师"副业"太多，教学时间得不到保障。有些教师表示每天都在处理各种杂事，教育教学科研的时间不够。有些教师甚至调侃说："教书是副业，处理各种杂七杂八的事才是主要工作。"高等院校教师不仅要承担学校安排的教学工作，还要处理学校的一些管理工作。"与教学无关的杂事太多"严重地影响了当前教师的教学工作，也严重地阻碍了教师的成长和教学水平的提高。笔者通过访谈了解到，当前高等院校的教师在教学上花费的时间很少，在各种"杂事"和管理上花费的时间多，尤其是当辅导员，负担更重、更辛苦，基本上没有自己的时间。

（三）教学评价体系不健全

一个好的教学评价体系能够发挥诊断—反馈—调控—优化的功能，能够有效地促进课堂教学效果的提升。但调研发现，即使是在高等院校，思想政治理论课教学评价体系仍然深受"应试教育"的影响，也就是说教学评价的方式仍然以纸笔检测的方式为主，对教师的教学评价效果也以学生的考试成绩为主。这种单一的教学评价方式忽视了教师在教学中的发展性评价，导致了很多教师懈怠、懒散、安于现状，也使得教学评价难以发挥反馈功能，对教师教学改进缺乏促进作用。除此之外，单一的教学评价方式不能够全面地反映学生思想品德的发展状况，以及对学生思想和行为的改变，其丧失了评价的指导和改进功能。例如，在访谈中有老师说道："当前对教师的教学评价主要依靠学生的教学成绩，学生分数只要考得高，教师的教学效果就好，教学评价也就高"。无论是对教师的教学评价还是学生学习评价，都以终结性评价为主，基本上很少关注过程性评价，教师干多干少、教好教差都一个样，缺乏激励性的评价机制。所以好多教师安于现状，只是把该上的课上完，很少维持课堂纪律，也很少注重学生的课堂学习氛围，他们认为只要所教班级挂科率不高就可以了。

二、教师方面的原因

（一）角色定位模糊和职业倦怠

从当前高等院校思想政治课堂教学的现状来看，教师主宰着整个课堂教学，学生学习的主体性地位被严重削弱，导致在整个课堂教学中，只有教师一个人在课堂上表演，学生只是被动、机械地去学。高等教育阶段的思政理论教育课相对于其他学段而言，教学难度大。"学生难管，教师难教"是高等院校教育的突出现状。一些教师由于长期面临着学生难以管教、工作压力大等原因，出现了职业倦怠现象。在访谈中，一位年轻的女教师说道，她没有从事思想政治理论课的教学工作之前，她对上好该课程充满信心，认为自己一定能够成为一名对学生负责的教师，但现在她教学的成就感不高，对教好学生也缺乏信心。因为她所带班级的学生非常难以教导，有时候一个班近四分之一的学生都不来上课。但她实在不忍心看学生颓废下去，她想管，可是好多时候都感觉无能为力。这样的问题不仅出现在这位教师身上，而是很多教师都有一些职业倦怠的倾向。

（二）没有挖掘特色教学内容

当前高等院校思想政治理论课教学效果不好，学生的兴趣不高、参与性不强，其中一部分原因在于教师没有结合当地的实际来进行教学，教学内容与高等院校学生的生活实际缺乏联系，对学生已有的知识基础、生活经验、思想状况等都缺乏相应的了解，学情分析不到位，教学的内容理论性过强，学生难以理解，无法吸收内化。

我们国家拥有着丰富多彩的文化，这些文化在维系民族生存和发展中都起到了不可替代的作用，也对学生的思想观念、思维方式和生活习惯产生巨大的影响。通过对思政课教师的访谈了解到，他们在教学过程中很少结合一些当地的优秀文化进行教学，只有在相关的知识点上，会结合学生的实际进行教学，在其他知识点上就很少结合，甚至是不结合。在访谈中，一位教师说道："在教学过程中没有结合学生的实际进行教学。一方面，自己不了解所教的学生；另一方面，当前连基本的知识教学都保证不了，结合学生实际进行课堂教学没有作用，甚至还可能引起一些学生的反感"。

其实结合笔者的调查情况来看，很多的学生都表示挖掘特色化的教学资源能够使他们自己的学习兴趣得到激发。

（三）教师专业能力不足

高等院校思想政治理论课教学内容相比于其他课程教学内容来说是更新得比较快的，课程教学内容紧跟时代发展的步伐。但教学知识点更新快、时代性强、理解难度大，也给教学带来一定的难度，尤其是在讲授法律法规、国情国策、社会主义核心价值观中国家层面的要求等内容时，因其理论性过强，教学时如果不能选用典型的案例进行讲解，就很难达到教学目标要求。教师专业能力不足主要表现在以下几个方面：第一，教师对法律知识储备不足。教师对法律知识的学习很片面，了解并不深入。第二，教师的教育教学技能不足。从调研的结果来看，高等院校思政课教师的教育教学技能存在不足。一是对教学内容的理解能力不足，一些教师在拿到教材时有无从下手的感觉。二是对教学方法的掌握和运用能力不足，缺乏实践运用的教学经验。教师在教学过程中主要以单一的讲授法为主，对其他教学方法的使用不足，甚至一些教师在使用时曲解了教学方法的用途，将多样教学方法的使用作为应付公开课检查的一种方式，在使用过程中由于了解不足、操作不当，使得一些教学方法的使用没有发挥应有的作用。三是在信息化教学时代，一些老教师对多媒体等现代教学设备的运用不熟练，以致在课堂教学中仍然以"一支粉笔，一本书、一张嘴"的教学模式进行教学。第三，一些教师认为只要备好课就可以讲好课，在教学过程中只会按部就班，案例选择与学生生活实际不相符合，课堂教学缺乏过程性与灵活性。

三、社会环境的原因

（一）网络信息技术的负面影响

高等院校学生群体摆脱了高中时期紧张的学习生活，学生的课余可支配时间丰富，加上手机等电子产品价格便宜，人人购买得起，学生在空余时间使用手机上网冲浪成了大部分人的选择，过度依赖手机成了一种普遍现象。据2020中国网络视听发展研究报告[①]显示，截至2019年12月，中国网民移动端上网日均6小时零4分钟，网民发布和获取信息的渠道依靠移动设备变得丰富而复杂，社交软件成为主要沟通媒介，各类官方部门也依靠各类平台发布消息，网络带来的便捷性和及时性给人们生活带来极大影响。

在新媒体迅速发展的时代下，受众接受信息的方式多元化，参与群体事件的可能性大幅度提高，同时因为网络信息发布的低成本和普遍参与性，以及网络信息传播的快速和便捷，加上各平台对信息真实的监管核查能力参差不齐，导致了一大批虚假不良信息充斥网络，由此而引发社会舆论震荡。如在武汉疫情防控中，别有用心的人发布虚假信息，刻意诋毁中

---

① 中国网络视听节目服务协会. 2020中国网络视听发展研究报告. 第八届中国网络视听大会. 2020年10月12日.

国政府，降低公民对政府的信心。高等院校学生的判断力不完善不准确，若接收到不准确、负面的网络信息，仅仅因为好奇、冲动，不假思索地转发扩散，就会对个人身心和周围人造成不良影响，长此以往，就会使下一代丧失对共产主义的信念。

所以说，互联网信息技术的发展，给人们的生活带来了极大的便利，但在与社会相适应的过程中也产生了许多的问题，对高等院校学生的思想品德形成也产生了重要的影响。网络给学生提供了海量的信息，提供了多样的放松方式，提供了便利的交流。但在给学生提供便利时，也给学生的健康成长带来一些消极影响。首先，利用网络进行学习的学生很少，沉迷于网络游戏的学生却日渐增多。其次，一些高等院校学生出于好奇，会浏览一些低俗的网站信息，如观看色情和暴力视频，这些不良信息在一定程度上给学生的三观造成误导，甚至一些不良信息直接毒害高等院校学生，给高等院校学生的身心健康造成极大的伤害。最后，手机的过度使用让学生与家长、教师、同伴之间缺乏面对面的沟通和交流。由于缺乏面对面的沟通和交流，高等院校学生极容易出现自我封闭的现象，不爱和身边的人说话，活在了自己的网络世界里。过度使用手机，网络世界信息的虚拟复杂，极容易造成学生精神萎靡不振，以致身心严重受损。

（二）社会环境的负面影响

当前，我国思想政治教育面临着社会环境与教育内容相背离的问题。在课堂中，思政课教师进行的是正面教育，传递的是主流价值观，但社会中发生的某些极为负面的个案，其所获得的社会认同度、造成的社会影响力与教师进行的正面教育是恰恰相反的，这就使思想政治教育的效果大打折扣。

其中，最不容忽视的是市场经济带来的负面影响。国内矛盾的转变，表明人民的物质生活已经得到极大满足进而对精神世界有了更高层次的追求。新时代的高等院校学生群体生活在一个综合国力、社会物质条件极大提高的时代，正享受着改革开放和市场经济给人们带来的丰富的物质文化生活，很多独生子女更是承载了全家乃至整个家族的爱与关怀，在全家族的希望中成长成才。部分独生子女更是娇生惯养，养尊处优，他们无法想象和感受父辈年少时的贫困生活，这些家长经历过物质贫乏的年代，他们想给予孩子更多的爱，有的家长认为金钱就可以代替一切。这对孩子产生了潜移默化的影响，他们认为钱可以办到一切事情，部分意志力不坚定的学生开始追求物质，互相攀比，演变的最终结果就是做事变得功利性极强，忽略了精神世界的追求。

著名作家路遥回忆年少求学时，最大的一个感受就是"饥饿"。艰苦的环境并没有消磨他对生活的热情，反而通过逆境磨炼出坚毅向上的品格，路遥因艰苦环境而形成的顽强毅力终究使其成为写作大家，可见艰苦的环境对个人成长成才具有无可替代的作用。

物质缺乏的现象不会重演，但艰苦奋斗依然是我们党一直以来最为推崇的精神和作风，毛泽东主席在国内革命即将胜利之时依然对全党同志发出号召，告诫全党同志务必继续保持艰苦奋斗的作风。新时代部分高等院校学生群体因过分追求物质导致精神世界空虚，归根结底是缺乏一种艰苦奋斗的客观环境，对其进行共产主义信仰塑造时，其无法感同身受，致使对其进行的共产主义信仰塑造产生巨大阻碍。

此外，影响高等院校思想政治教育教学效果实现的还有社会上的一些不良风气。比如"重男轻女"思想、"新读书无用论"思想等。当前高等院校毕业生的规模不断增加，高等院校学生的就业形势严峻，一些高等院校学生毕业之后没能找到工作，一些找到工作的高等院校学生工资待遇还没有打工人员的收入高。这样的情况让家长和学生对读书失望，觉得读书没有什么用，还不如外出打工赚钱来钱快。这些不良风气都会对学校思想政治教育的实效性产生一定的消极影响，使得正面教育黯然失色。

（三）西方资本主义意识形态的影响

当前，人们不再满足于物质上的充裕，更寻求精神世界的满足，这给西方资本主义意识形态渗透提供了一定基础。而通过笔者现实中与高等院校学生群体的接触、观察发现，近年来西方的节日盛行，部分学生崇拜的外国明星基本以西方球星、歌星、影星为主。高等院校学生的追星行为助长了西方文化的渗透，对该群体的思维方式产生的一定影响。此外，各类社会思潮涌现，不断出现精美、精日、哈韩群体和言论的传播扩散，弱化了高校学生对共产主义的信仰。

四、家庭方面的原因

（一）不重视学生的教育

父母是孩子成长过程中的第一任老师，对孩子的影响具有启蒙性和长期性。家长自身的素质、能力水平、思想观念、道德行为等都会对孩子的学习产生影响，包括对孩子的学习意识、学习态度、世界观、人生观、价值观等都产生重要的影响。虽然如今随着社会的发展和竞争的加剧，很多家长意识到了学生教育的重要性，但也有很多家庭还是不太重视孩子的教育问题，具体表现在两个方面。第一，家长教育意识薄弱，不重视学校教育，尤其是在农村家庭中，大多数家长的受教育程度都不高，由于经济和意识等方面的原因，他们对孩子的教育并没有那么重视，很少关注孩子的学习情况。第二，家长对孩子缺乏教导，尤其是在一些农村中，大多数家长都外出打工，爷爷奶奶又管不住孩子，这种"隔代教育"问题也是影响思想政治教育存在问题的原因。家长教育观念落后，安于现状，对学生的道德意识和道德行为缺乏有利的引导，这些都是导致思想政治教育实效不强的原因。

（二）父母不良行为的影响

家长的言行对学生的健康成长具有潜移默化的作用，父母的不良行为会给学生的思想和行为造成不良影响。当前，一些家庭教育中，父母的不良行为给学生造成的影响主要体现在三个方面。首先，一些父母认为读书无用，还不如早早地外出打工赚钱。其次，一些家长要求学生不要打架、偷盗、相互理解和包容、尊老爱幼，但家长自己却做不到，他们经常在学生面前抽烟、喝酒、打牌，还经常因为一些小事和人争吵，甚至一言不合就拳脚相向，大打出手。最后，一些父母的法律意识薄弱，一些家长的不良行为已经属于违法行为，例如酒驾、高空抛物等。

（三）家校之间的联系性不强

高等院校与家庭之间的沟通次数还不多，这样的状况导致高等院校与家庭教育各自为政。高等院校不能很好地和家庭相联结，对家庭进行有效的指导，家庭教育潜在的育人功能就不能有效发挥，也就无法有效地促进高等院校思想政治教育效果的实现。

针对家庭与高等院校沟通联系方式情况，在问及目前高等院校与家庭沟通所使用的沟通方式有哪些时，从统计结果发现，大多数学校会选择使用电话、短信、现代媒介与家长进行联系，有时候高等院校也会举行面对面交流会（家长会、家访等）或是书面形式的交流。可以看出当前大学生、家庭、高等院校三者之间缺乏沟通的渠道和机制保障，这使得三者之间无法及时交流，这在很大程度上造成了他们之间相脱离的状况。首先，大学生与家长之间缺乏沟通与联系，笔者通过调查发现，部分大学生与家长沟通交流的频率相对较低，有些同学有事才会主动告知父母，有些学生则很少和父母交流。这样的情况影响了父母与孩子之间的亲情，也影响了家庭教育的效果。其次，家庭和高等院校都从各自的立场和需要出发，以自己的教育方法和理念对学生进行教育，这就导致了家庭和高等院校之间各自为政的现象。一方面，家长没有和辅导员进行及时沟通。相反，他们认为孩子已经进入大学校园，有学校管理，加上孩子已经成年，可以进行自我管理，不需要他们再进行经常的教育。另一方面，由于繁重的教学与管理任务使得教育者不能及时主动和家长取得联系。这些因素导致了二者之间缺乏有效的沟通和联系，也就无法使家庭教育的效果得到有效发挥。

如果家庭和高等院校之间联系不强的话，就很难充分对于高等院校学生的情况有充分的了解。

第三章 高等院校思想政治教育实践路径研究

本章对高等院校思想政治教育实践路径进行了深入论述，主要从"高等院校思想政治教育实践机制建设""高等院校思想政治教育具体实践途径"这两个方面展开。

第一节 高等院校思想政治教育实践机制建设

一、高等院校学生思想政治教育实践的原则

（一）重视融合主体性与主导性

思想政治教育主体的自觉性强化了高等院校学生价值引导的主体性，思想政治教育的自发秩序冲击了高等院校学生价值引导的主体性。这就要求高等院校、政府及社会在进行价值引导时要尊重学生的主体性，发挥高等院校学生的能动作用，并通过加强主导性克服思想政治教育自发性带来的弊端，即重视融合主体性与主导性，坚持主体性与主导性的统一。

所谓主体性是指发挥高等院校学生的能动作用，让高等院校学生自己觉悟自己，自觉接受积极的影响，自主建构符合国家和社会发展要求价值观的过程。所谓主导性是指引导者通过各种方式，把符合国家和社会发展要求的主流价值观转化为高等院校学生自觉行动的实践活动。

主体性和主导性是相互促进、相互联系的两个方面。一方面，新时代高等院校学生思想政治教育价值引导必须靠高等院校、政府和社会；另一

方面，新时代高等院校学生思想政治教育价值引导的效果，最终还是需要通过高等院校学生的自主建构来实现。主导性是高等院校学生价值观转变的外因，主体性是高等院校学生价值观转变的内因。主导性的发挥能为新时代高等院校学生思想政治教育价值引导提供一个良好的外部环境和条件，将价值引导的内容通过适当的方法传授给高等院校学生。高等院校学生主体性的发挥需要在主导性的作用下才能形成和发展。主体性能否发挥是衡量主导性功效的标志，也是高等院校学生思想政治教育价值引导的目的和归宿。价值引导主体性的发挥就是高等院校学生通过反省、反思、自我修养等途径，提高自己的价值判断和选择能力。在新时代高等院校学生思想政治教育价值引导中，高等院校学生主体性的发挥仍具有重要意义。

重视融合主体性与主导性，坚持主体性与主导性相统一的原则，不仅要注重从外部进行高等院校、政府和社会的引导，还要重视内省自修的自我引导。一方面，要充分发挥高等院校、政府及社会的主导作用。杜威说"教育即指导"[1]，高等院校、政府及社会要用正确的价值观指导学生，用马克思主义的价值观武装学生的头脑，增强高等院校学生在思想政治教育中价值判断和价值选择能力。针对高等院校学生在思想政治教育过程中习得的合理的内容，高等院校、政府及社会要正面引导，对于有偏差的内容，要及时纠偏，以确保高等院校学生的价值观一直在正确的航道上。另一方面，高等院校、政府及社会要发挥高等院校学生的主体性。要树立平等互动的意识，将高等院校学生看作能够根据已有的认知图式主动建构价值观的人，努力争当价值引导活动的组织者、促进者和合作者。要根据高等院校学生的认知图式、个体偏好等，从思想政治教育中取材，运用思想政治教育的各项方法，因材施教，增强价值引导的生动性、形象性，提高价值引导的针对性、有效性。例如，湖北工业学校马克思主义学院就邀请一线的道德模范和校外专家进校教学，通过"阳光下的思想政治课"增强价值引导的生动性、实效性。同时，该学院还邀请优秀高等院校学生实践团队与思想政治课教师同台进行专题讲授，运用高等院校学生身边的故事进行价值引导。在该学院的思想政治课改革模式中，价值引导内容是开放的，来源于高等院校学生社会实践活动，激发了学生参与的积极性，实现了价值引导主体性与主导性的统一。

---

[1] 约翰·杜威. 民主主义与教育[M]. 王承绪译. 北京：人民教育出版社，2011.

(二)坚持开放性与规范性相统一

新时代,高等院校学生获取信息渠道多样,接触内容多元、开放,要解决思想政治教育内容开放性与高等院校学生价值引导视野有限性反差问题需坚持"变"与"不变"的方法论,在保持价值引导内容规范的前提下,突出内容的开放性,即高等院校、政府及社会要坚持开放性与规范性相统一。

所谓开放性是一定的社会意识形态总是与其他社会的各种思想并存、渗透,高等院校学生思想政治教育中接触的思想不可能整齐划一,高等院校学生价值引导的内容是开放的。所谓规范性是指高等院校学生价值引导内容要具有方向性,它需要反映社会的主导价值倾向。高等院校学生价值引导不能在开放的、多样化的价值引导内容中迷失方向。

高等院校学生思想政治教育价值引导内容的开放性有两个方面的要求。一是价值引导内容选择的多样性。高等院校学生的网络自主学习活动、休闲兴趣活动以及社会实践活动中存在一些与主导性内容相关、相容的其他必要辅助引导内容。例如,经典著作阅读中的优秀传统文化、红色文化,社会实践活动中的团结、友爱、奉献精神等。二是根据思想政治教育的活动类型增强价值引导内容的灵活性。不同思想政治教育活动的价值引导内容存在差异,这就需要深入了解和掌握不同高等院校学生思想政治教育内容,根据内容进行有针对性的引导。

高等院校学生思想政治教育价值引导内容的主导性有三个方面的要求。一是要引导高等院校学生维护社会主义意识形态的主导地位。当前国际国内形势发生深刻变化,全球化不断向前推进,西方一些国家搞文化霸权主义一些西方社会思潮如功利主义、自由主义等广泛传播,人们在各类消极信息的冲击下,会产生理想信念模糊、价值扭曲等问题。高等院校学生在进行网络自主学习时接触到各种歪曲社会主义本质的图片、视频以及动漫等。同时,高等院校学生处在"拔节孕穗"期,阅历不足、心智尚未成熟,价值判断和选择能力相对较弱。这就需要坚持社会主义意识形态的主导地位。二是坚持以爱国主义、集体主义、社会主义为主要内容的主旋律价值引导。只有坚持主旋律价值引导,才能强化高等院校学生的马克思主义信仰,激励其积极投身于社会主义现代化建设的浪潮中。

坚持开放性与规范性相统一的原则，有两个方面的要求。一方面，要在坚持价值引导内容规范性的前提下提倡开放性。高等院校、政府及社会在进行价值引导内容选择时，要确保规范性，这是方向。坚持规范性是为了价值引导开放内容的针对性和准确性。另一方面，要坚持价值引导内容开放性中的主导性。当今时代是信息技术迅速发展的时代，信息具有海量性，高等院校学生思想政治教育价值引导内容选择余地越来越大，但开放性内容的选择是为更好地体现规范性。

（三）尊重和综合各类价值引导

思想政治教育渠道多元凸显高等院校学生价值引导方法相对滞后，这就需要高等院校、政府及社会转变价值引导方法，在创新价值引导方法的同时坚持多样性与统一性相统一的原则，也就是尊重和综合各类价值引导方法。

所谓多样性是指高等院校学生在思想政治教育中，价值引导的方法是多样的。线下的课外阅读活动、文艺类活动、社团活动、志愿服务活动、社会实践调研、社区服务活动、假期兼职，线上的阅读活动、公益活动、观影活动、网络社团活动、网络游戏等等，都可作为高等院校学生思想政治教育价值引导方法。所谓统一性是指尊重高等院校学生思想政治教育价值引导方法的差异，并实现多种价值引导方法相结合，使其共同服务于高等院校学生思想政治教育价值引导的目标，确保高等院校学生思想政治教育价值引导的思想性、价值性和合理性。

尊重和综合各类价值引导方法，有两个方面的要求。一方面，价值引导方法统一性是多样性的必然要求。思想政治教育多渠道的特点增强了高等院校学生学习的灵活性、针对性以及丰富性，它创新了高等院校学生思想政治教育价值引导方法，使得引导方法呈现多样化发展趋势。但是这些多样化的大学生价值引导方法并非独立的，只有将其统一起来，包容各类价值引导方法的差异性，才能共同服务于高等院校学生思想政治教育价值引导的目标，确保大学生思想政治教育价值引导的思想性、价值性和合理性，实现高等院校学生思想政治教育价值引导效果的最大化。另一方面，价值引导方法的统一性不能泯灭多样性。高等院校学生思想政治教育价值引导方法注重统一性，但并不意味着排斥方法的多样性，而是尊重和包容多样化的方法,使其能够满足不同层次高等院校学生群体的个性化需求,提高高等院校学生思想政治教育价值引导的针对性。

尊重和综合各类价值引导方法,需做好以下两点:一是高等院校、政府及社会要努力挖掘高等院校学生思想政治教育中的价值引导方法,善于利用大数据、人工智能、区块链等信息技术,实现信息技术的工具理性和价值引导的价值理性有效结合,让高等院校学生价值观引导"活"起来,实现价值引导方法的创新。二是高等院校、政府及社会要综合运用各种价值引导方法。高等院校、政府及社会必须在把握各种高等院校学生思想政治教育价值引导方法特点的基础上,促进各种方法的协调综合,形成共同服务于高等院校学生思想政治教育价值引导目标的统一性方法。

(四) 切实做好疏导防范工作

新的历史方位下,思想政治教育场域带给高等院校学生价值引导潜在风险,这就需要高等院校、政府及社会做好疏导和防范工作,即坚持疏导性与防范性相统一的原则,从而引导高等院校学生树立正确的价值观,为国家和社会发展服务。

疏导性即疏通、引导。疏通是放手让高等院校学生将各种想法和意见表达出来,引导者通过观察研究做出引导方案;引导是在疏通的基础上对具有正确价值导向的想法和意见给予肯定和支持,对具有错误价值导向的想法和意见通过民主、平等讨论、说服教育、批评与自我批评的方法将其转化为积极的因素。防范性是指通过一系列的手段净化高等院校学生思想政治教育场域环境,清除带有错误价值导向的内容,避免高等院校学生在思想政治教育场域中被错误价值观误导。

要做好新时代高等院校学生思想政治教育价值引导要尊重其心理。根据高等院校学生的心理进行疏导,动之以情,晓之以理,以解决思想政治教育场域中的价值困惑。在进行疏导时,首先要坚持问题导向,关注高等院校学生在思想政治教育场域中遇到的价值问题,并从正面对这些问题进行疏导。其次,要注重情感关怀,以情化人。在进行疏导时,不能采用命令式的方法,引导者要与高等院校学生进行平等对话,在对话中引导高等院校学生树立正确的价值观。最后,在进行疏导时要讲究技巧艺术。疏导需要循循善诱、以理服人,同时也要注意疏导的时机和方式。

针对思想政治教育场域的高等院校学生价值引导潜在风险要进行防范。一是高等院校、政府及社会要把握国际国内形势对高等院校学生思想政治教育场域的影响，把握大势，认清风险。二是高等院校、政府及社会要注重研判思想政治教育领域的风险。高等院校学生思想政治教育场域多元，要注重研判哪个场域存在风险，具体存在什么样的风险，并提供风险防范依据，防止风险联动。三是高等院校要运用思想政治理论课、讲座、微课等形式引导高等院校学生辨别各种错误的价值观，增强其风险防范能力。

（五）厘清显性教育与隐性教育关系

显性教育是指引导者充分利用各种公开的手段、场所，有组织、有计划地对高等院校学生实施有意识的、直接的、公开的价值引导。隐性教育是指引导者通过创设社会环境、活动场所和文化氛围，对高等院校学生实施无意识的、间接的、隐蔽的价值引导。

厘清显性教育与隐性教育关系，要明确这两者作为思想政治教育的一对范畴，两者是辩证统一的，这两者既相互独立又相互影响。在进行高等院校学生思想政治教育价值引导时，一是要发挥好显性教育的主导作用。显性教育是与我国思想文化、社会制度以及教学资源相适应的价值引导方式，它能把握方向、管大局。高等院校学生在泛在的思想政治教育中会接触到多元的价值观，容易产生价值冲突，无法分清是非、善恶、美丑的界限。这就需要发挥显性教育的主导作用。

二是要利用好思想政治教育的广泛性做好隐性教育。隐性教育不具备系统性，其方法是隐蔽的，发挥着"润物细无声"的作用。隐性教育的过程是融入社会生活生产实践中的，主张"做中学"的过程。隐性教育的资源是泛在的，校园文化、家风、各类建筑等都是隐性教育资源。思想政治教育的方法多样、内容开放、场域多元，蕴含着诸多隐性教育资源。中国古代思想家重视"身教示范"的德育作用，实际上强调日常生活、人际交往等对人的思想行为的影响。社会认知论也认为个体有替代性学习（观察学习）的能力，个体若看到与自身相似的个体通过持续的努力获得成功，他会相信当自身处于类似的活动情境时也能获得同样的成就水平。为此，高等院校、政府及社会要善于挖掘思想政治教育中有关价值引导的隐性教育资源，净化思想政治教育的物质环境和精神环境，通过隐性教育进行高等院校学生思想政治教育价值引导。

三是显性教育要融入思想政治教育中有关隐性教育的方法、资源。勤工助学、校外考察参观、志愿服务、义工活动等思想政治教育方法都属于隐性教育的方法，高等院校学生的网络自主学习场域、社会实践活动场域以及休闲兴趣场域存在诸多隐性教育资源。为此，显性教育要吸收高等院校学生思想政治教育中有关的隐性教育方法、资源，从而消解高等院校学生思想政治教育场域的价值问题，引导高等院校学生树立正确的价值观。

二、高等院校思想政治教育价值引导机制

要引导高等院校学生树立正确的价值观需高等院校、政府及社会采用自律与他律相结合的培养机制、知识与价值相结合的学习机制、多路径与同向行相结合的互动机制、回应问题与正面引导相结合的宣传机制以及日常生活与严肃主题相结合的实践机制。

（一）培养机制方面自律与他律相结合

思想政治教育主体的自觉性能增强高等院校学生价值引导的主体性，在进行高等院校学生价值引导时，要充分运用好高等院校学生的自觉性，通过自律增强高等院校学生的价值认知、价值认同和价值内化。思想政治教育自发性秩序冲击了高等院校学生价值引导的主体性，这就需要通过他律深化高等院校学生的价值认知、认同和内化。即高等院校、政府及社会要采用自律与他律相结合的培养机制进行高等院校学生思想政治教育价值引导。

自律对于价值引导具有重要作用。中国古代思想家也主张通过"慎独"以及"吾日三省吾身"等自律的形式增强个体的道德修养。在高等院校学生思想政治教育活动中，主体的自觉性决定了其能够根据国家和社会发展的要求和自身发展的需求，有目的、有计划地对自我进行调控，这为高等院校学生的自律提供了可能，能使高等院校学生主动"屏蔽"社会以及其他方面的错误价值导向，坚持对主导价值观的认同、内化与外化。因此，在高等院校学生价值引导过程中，高等院校可通过主题班会、座谈会

等形式启发其价值自觉，培养高等院校学生的自律能力，促使高等院校学生生成抵御错误价值观的能力。

思想政治教育的单向性冲击了高等院校学生价值引导的主体性，弱化了主流价值观的生成。这就需要高等院校、政府及社会发挥他律的约束作用，通过他律来约束高等院校学生的行为。一方面，高等院校、政府及社会要制定一些法律法规、规章制度，通过法律和制度的强制作用，优化思想政治教育环境。同时，对网络思想政治教育场域要发挥好"有形的手"和"无形的手"的把关作用。具体来讲，要提高职业把关人的把关能力，通过各类培训增强职业把关人的理论"内功"，掌握网络化时代的各项技术，提高把关水平。要运用好各项技术，通过算法、平台进行把关，发挥数字把关人的作用。另一方面，高等院校要加强对学生进行理论灌输，通过理论灌输提高高等院校学生的理论修养，实现他律向自律的转换，最终自主生成正确的价值观。

总之，自律和他律都能规范高等院校学生的思想和行为，新时代高等院校学生思想政治教育价值引导，不仅要注重他律的约束性，还要注重自律的自主性，将二者结合引导高等院校学生生成正确的价值观。

（二）学习机制方面知识与价值相结合

思想政治教育的内容是开放的，高等院校学生在网络自主学习活动、社会实践活动以及休闲兴趣活动中习得多样化的知识。由于受现代社会工具主义知识观的影响，有一部分知识带有工具理性的倾向，弱化了其价值理性。因此，高等院校学生思想政治教育价值引导必须凸显思想政治教育内容的价值性。为此，要用习近平新时代中国特色社会主义思想引领思想政治教育的内容，实现知识与价值相结合。

坚持知识与价值相结合的学习机制，一是高等院校、政府及社会要将价值理性融入开放的思想政治教育内容中。思想政治教育内容的开放性会与高等院校学生价值引导视野有限性形成反差，这就需要拓宽价值引导视野。高等院校学生网络自主学习的内容是网络平台的多元主体创造的，其更新速度快、数量庞大。高等院校学生社会实践活动是社会性的，其内容的确定有多方资源、力量的参与。高等院校学生的休闲兴趣活动也是高等院校学生根据自身的兴趣、特长等自主选择的，这些高等院校学生的思想政治教育活动内容没有引导者的统一编排，是多样化的。这些开放性的思想政治教育内容不应只是增加高等院校学生的知识储备、早日成才，还应引导高等院校学生树立正确的价值观。为此，高等院校、政府及社会要用主导价值观为高等院校学生思想政治教育的内容赋能，实现知识与价值的统一。二是高等院校、政府及社会要将思想政治教育内容中先进的价值观纳入价值引导内容体系，丰富高等院校学生的知识理论体系，拓宽价值引导视野，塑造高等院校学生的价值观，最终实现知识性与价值性的统一。三是要在高等院校学生思想政治教育的实践中实现知识与价值的统一。价值观作为一种社会意识，来源于社会实践。为此，高等院校、政府及社会要为学生创造社会实践的平台，鼓励学生在实践中实现知识与价值的结合。

总之，思想政治教育内容开放，高等院校学生价值引导需要高等院校、政府及社会用主导价值观为高等院校学生思想政治教育内容赋能，要将思想政治教育内容中先进的价值观纳入价值引导内容体系，要创建社会实践平台，鼓励高等院校学生在社会实践中实现知识与价值的结合。

（三）互动机制方面多路径与同向行相结合

高等院校学生在思想政治教育中易受各种社会因素的影响，学习方法也具有多样性，仅靠单一的价值引导方法不能解决问题。为此，高等院校、政府及社会要采用多路径与同向行相结合的互动机制。

坚持多路径与同向行相结合的互动机制，一是要创新价值引导方法。高等院校学生思想政治教育方法多样，凸显出价值引导方法相对滞后。高等院校学生思想政治教育价值引导要在吸取传统价值引导方法合理、积极因素的基础上，运用现代技术创新价值引导方法，促进高等院校学生价值引导方法的多元化发展。二是要坚持各类价值引导方法同向同行。一方面，要坚持正确的政治方向。思想政治教育方法的多样性创新了高等院校学生价值引导方式，但这种创新不能偏离价值引导的正确轨道，必须坚持马克思主义的方向、社会主义的方向和共产主义的方向，否则会使高等院校学生价值引导形式化。另一方面，多种高等院校学生思想政治教育价值引导路径要协同发展。高等院校学生思想政治教育场域是多维的、接触的内容是多方面的，高等院校、政府及社会要对其进行价值观的高效引导，必须发挥多种引导方法的协同效应。同时，当今时代是信息技术时代，普适计算迅速发展，学习是联通的、泛在的，价值引导需顺应时代潮流，努力构建价值引导的联通、泛在环境，这就要求多种价值引导方法的协同运用，共同发挥作用。要实现多种引导路径的协同发展，要促进高等院校学生价值引导多路径的渗透与融合。高等院校学生思想政治教育价值引导的方法包括显性与隐性方法、虚拟与现实方法、社会教化与自省方法等，高等院校、政府及社会要将显性与隐性相结合、虚拟与现实相结合、社会教化与自省相结合，实现多路径的渗透与融合，发挥其协同合力。

（四）宣传机制方面回应问题与正面引导相结合

思想政治教育场域的风险性会诱导高等院校学生生成错误的价值观，这就需要高等院校、政府及社会及时回应高等院校学生在思想政治教育场域中遇到的实际问题，并加强正面引导，向高等院校学生明确传达我们赞成什么、反对什么，让高等院校学生主动生成正确的价值观判断标准。

坚持回应问题与正面引导相结合的宣传机制，一是高等院校、政府及社会要加强价值引导的回应力。在国际国内环境复杂多变的新时代背景下，高等院校学生在思想政治教育场域遇到的价值引导实际问题也是复杂多变的。为此，高等院校、政府及社会要及时介入实际问题中，并给予评价、解释，最终向实践转化；要树立及时回应思维，加强回应平台建设，提高价值引导的回应力。二是要加强正面引导。准确、权威的信息不及时传播，虚假、歪曲的信息就会搞乱人心；积极、正确的思想舆论不发展壮大，消极、错误的言论观点就会肆虐泛滥。思想政治教育场域存在虚假、歪曲的信息，这些信息会诱导高等院校学生生成错误的价值观。为此，必须加强正面引导。一方面，高等院校及政府要运用舆论进行引导。思想政治教育场域中，存在一些虚假、歪曲的信息，大学生价值引导既要做好常规舆论引导，又要敢于亮剑，揭露一些错误的言行。另一方面，高等院校、政府及社会要积极宣传社会主义核心价值观。在思想政治教育场域中产生价值迷茫、价值困惑，其原因在于没有固定的价值观判断标准。为此，要大力宣传社会主义核心价值观，避免被错误价值观误导。人在哪儿，宣传工作就应该在哪儿。高等院校学生活跃于互联网场域，互联网是其生活、学习的重要阵地。互联网具有交互性、扁平化、去中心化等特点。为此，高等院校、党政部门以及新闻传播媒介部门要利用好微博、微信、短视频等平台做好核心价值观的宣传工作，增强其吸引力、渗透力。

（五）实践机制方面生活与严肃主题相结合

思想政治教育的过程是泛在的，遍布高等院校学生的日常生活，新时代高等院校学生思想政治教育价值引导需将价值引导内容渗透至日常生活。同时，为避免"泛生活化"，高等院校学生价值引导需严肃主题，即高等院校、政府及社会要运用日常生活与严肃主题相结合的实践机制进行高等院校学生思想政治教育价值引导。

坚持日常生活与严肃主题相结合的实践机制，一是高等院校、政府及社会要将主导价值观融入日常生活实践活动中。日常生活孕育着价值观，思想政治教育内容来源渠道多样，主要包括家人、朋友、各类传媒等，具有丰富的价值观教育资源。一方面，要将社会核心价值观渗透到高等院校学生日常生活。高等院校学生日常生活中的休闲阅读、浏览网站信息、刷短视频等思想政治教育活动都是传递价值引导内容的重要途径，引导者可将价值引导内容渗透到这些思想政治教育中，从而发挥社会主义核心价值观的引领作用，消解高等院校学生的价值困惑。另一方面，要建立价值引导基地。纪念馆、博物馆、展览馆等社会文化教育机构是高等院校学生价值观习得的重要场所，要充分运用这些基地建立价值引导场所，引导高等院校学生树立正确的价值观。二是高等院校、政府及社会要严肃主题。日常生活的自在性、既成性，使接受已有的存在形态、因循常人的行为模式成为主导的方面，与之相联系的是非反思性的趋向和从众的定势，它在消解个体性的同时，也使存在意义的追问失去了前提。思想政治教育内容的生活性特点存在价值引领和批判的必要性，同时，高等院校学生在思想政治教育中的思维也是零散的、不连续的、非系统性的，若过度强调价值观的生活化会有"泛生活化"的倾向，价值引导仅流于形式，出现价值中立化、媚俗化现象。为此，新时代高等院校学生思想政治教育价值引导需要严肃主题，通过主题教育确保价值引导的正确政治方向和实际效果。

三、高等院校思想政治教育价值引导实现路径

针对新时代高等院校学生思想政治教育价值引导的机遇与挑战，基于

高等院校学生思想政治教育价值引导的原则与机制，思想政治教育工作者要更新价值引导理念，媒介要立足社会生活生产高等院校学生价值引导产品内容，政府要推动弘扬主旋律文化环境的制度建设，高等院校要综合运用传统与现代的价值引导方法，专业教师要构建"大思想政治"与社会"大课堂"相结合的工作格局进行高等院校学生思想政治教育价值引导。

（一）思想政治教育工作者要更新价值引导理念

理念是行动的先导，对于高等院校青年学生价值引导只有不断更新理念，不断创新，才能紧跟新时代的步伐和人们的思想变化。思想政治教育视野下，高等院校学生价值引导要求思想政治教育工作者树立个性化引导理念、一元主体与包容多样的引导理念以及泛在引导理念。

一是个性化引导理念。高等院校学生在思想政治教育中能根据个体需要、兴趣、特长等自由选择学习的内容、方法以及场域等，有明显的个性化倾向，这就要求思想政治教育工作者在进行高等院校思想政治教育价值引导时，首先，要树立个性化引导理念。个性化学习更加注重以人为本、因材施教。"因材施教"、"以学习者为中心"的教育思想都体现了个性化学习的理念。为此，要尊重高等院校学生兴趣爱好、知识背景、性格特点等个性化差异，允许高等院校学生根据个体的偏好和需求选择适合自身的价值引导内容、目标和方法。其次，思想政治教育工作者要坚持全面发展和个性化发展的统一。思想政治教育工作者要坚持高等院校学生的个性发展原则，在价值引导过程中充当活动的合作者、组织者和促进者，培养各种能力，实现全面发展和个性化发展的统一。最后，思想政治教育工作者要赋予高等院校学生自我表达的机会，让其在交流中主动内化价值观。建构主义学习理论认为学习是个体在已有认知图式基础上与他人协商的结果。思想政治教育工作者在价值引导过程中给予高等院校学生自我表达的机会，不仅能够发挥其学习的能动性，还能让高等院校学生在与人对话的过程中内化价值观。

二是树立一元主体与包容多样的引导理念。基于思想政治教育的自发性、开放性，高等院校学生会接受多元价值观，这会产生信仰危机。这就需要思想政治教育工作者树立一元主导与包容多样的引导理念。一方面，思想政治教育工作者要坚持社会主义核心价值观的主导地位。社会主义核心价值观是基于我国改革发展的内在需要提出的，符合当今世界发展的潮流，是对我国社会文化体系和个人行为起支配作用的价值观。高等院校学生在思想政治教育中习得多种价值观，某些消极价值观会让高等院校学生迷失方向，产生错误的价值选择和判断。这就需要思想政治教育工作者将社会主义核心价值观贯穿到价值引导的全过程，增强高等院校学生的价值选择和判断能力，从而维护国家意识形态安全。另一方面，思想政治教育工作者要坚持"一元"与"多样"同行。包容多元价值观是社会发展的需要，也能让高等院校学生通过思想政治教育实现自由全面发展。社会中存在主次有别、层次分明的价值系统，这为高等院校学生提供了价值选择的自由度，也能发挥社会各方面的积极性。只有包容高等院校学生在思想政治教育中习得的各种积极价值观，社会主义核心价值观才能发挥作用。然而，包容多样并不意味着没有底线，一味地宽容可能会使高等院校学生失去价值判断能力和选择能力，误入歧途。宽容应当是既坚持社会主义核心价值观的主导地位，又将各类低层次价值观转化为高层次价值观，保持不同价值观之间的张力，达到协调和互补。高等院校学生在思想政治教育中习得的价值观念是多元化的，思想政治教育工作者要在坚持社会主义核心价值观为主导的基础上，尊重和发扬高等院校学生习得的积极价值观，并努力实现低级层次价值观向高级层次价值观转变。

三是树立泛在引导理念。思想政治教育过程是泛在的，学习者随时随地可利用身边的资源进行学习，这就要求思想政治教育工作者在进行高等院校学生价值引导时，要树立泛在学习的引导理念。其一，思想政治教育工作者要构建高等院校学生价值引导的泛在场域，实现学校场域与社会场域的无缝对接。高等院校学生可通过学校学习得到价值观，还可通过思想政治教育习得价值观。高等院校学生价值引导既要突出学校的价值引导作用，又要强化思想政治教育中的各引者的价值引导功能，实现价值引导课堂内外、线下线上的无缝衔接。其二，思想政治教育工作者要实现价值引导资源的共享。思想政治教育强调以学习者为中心，凸显了学习者的主体性和能动性。只有实现资源共享，才能满足学习者的需求，凸显其主体性。这种资源的共享包括高等院校学生对价值引导信息、知识、意义以及精神的共享，在共享的过程中可生成多样化的价值引导资源数据库，最终拓展成为价值引导资源链。

(二) 立足生活设计价值引导产品

思想政治教育内容的开放性与高等院校学生价值引导视野的有限性形成反差,这就需要突出价值观引导内容的开放性。思想政治教育内容的开放性表现为来源渠道多样,主要包括家人、朋友、各类传媒等等,不具备结构化特征,要突出价值引导内容的开放性需媒介立足社会生活生产高等院校学生价值引导产品内容。

立足生活设计价值引导产品有两方面优势。一方面,它能满足高等院校青年学生的利益诉求。立足生活设计价值引导产品能满足高等院校青年学生的利益诉求,使其感受到主流价值观的实践意义和价值,构筑主流价值观认同的基础。另一方面,它能提高高等院校青年学生对价值引导产品内容的接受度。"在各种不确定的情况下,有一点是可以永久参照的,那就是教育与个人经验之间的有机联系。"价值引导要为高等院校青年学生所接受需激起其内部心理活动的变化,而不是将其看作一个容器进行一味地灌输。立足生活设计价值引导产品能激发高等院校青年学生的共鸣,从而提高价值引导的实效性。

立足生活设计价值引导产品,首先需取材于高等院校学生社会生活。一是相关主体要充分挖掘社会生活中有关价值引导的主题和素材。例如,高等院校学生社会志愿服务活动蕴含了社会责任感、奉献精神等积极价值导向,相关人员挖掘高等院校学生社会志愿服务活动中的素材能够引导高等院校学生树立正确的价值观。二是相关人员要按照高等院校学生生活的逻辑来组织价值引导产品内容,而不是从知识的逻辑出发设计。以往的内容安排不紧追高等院校学生的生活,甚至出现与高等院校学生的社会生活背道而驰的现象,降低了价值引导的实效性。三是相关人员要对高等院校学生的社会生活领域进行全方位审视,将以往未纳入价值引导产品内容范围之内而又富有引导意义的领域重新纳入价值引导视野中去,避免价值引导产品内容的单面化。

总而言之,价值引导产品内容要在思想政治教育场域中吸引高等院校学生的注意力必须取材于社会生活,要从学生实际生活选取价值引导产品内容,按照生活的逻辑来组织,真正实现价值引导从生活中来并为生活服务的目的。

立足生活设计价值引导产品，其表述要符合高等院校学生的认知图式。建构主义学习理论认为图式是对动作经验的保持，由于个体经验的不同，图式也会不同。个体的认知发展是围绕认知图式展开的，学习者更乐于学习与自身学习图式具有关联性的内容。高等院校的社会生活境况不同，认知图式也会有差异。为此，价值引导产品内容的表述要根据高等院校学生的认知图式进行话语转换，从而发挥高等院校学生的主体性，能够利用已有的认知图式主动建立与新知识的交互作用，从而改造原有的价值体系，自主建构符合国家和社会发展要求的价值观，实现自我引导。

一方面，相关人员要将理论语言通俗化，采用高等院校学生喜闻乐见的话语表达价值引导产品内容。当前价值引导产品内容的表述（如社会主义核心价值观）有高度的凝练性，距离高等院校青年学生理解能力的"最近发展区"还比较大，要实现价值引导产品内容的入脑入心，需找准高等院校青年学生的认知图式的契合点，促进价值引导话语的创新和发展。另一方面，相关人员要运用多种符号系统，丰富价值引导产品内容的表述方式。认知图式理论认为，图式不是单个起作用的，它是一个综合作用的系统，人的图式的综合性要求我们超越传统的仅靠文字传递价值引导产品内容的形式，运用新媒体、互联网等信息技术，采用图像、音频、视频等多样化的方式传递价值引导产品内容，以满足高等院校青年学生多样化的需求。

（三）高等院校要综合传统与现代

思想政治教育的方法是多样的，目前单一式的价值引导方法不能满足高等院校学生多样化的需求，这就需要高等院校综合运用传统与现代的价值引导方法。

高等院校要用好传统价值引导方法。理论说服、舆论引导、榜样引领等都是高等院校传统价值引导方法，这些引导方法同样能解决高等院校学生思想政治教育中的价值引导问题。理论说服从外部将正确的价值观灌输给高等院校学生，能发挥引导者的主导作用，消除思想政治教育自发秩序带给高等院校学生价值引导的负面影响。舆论引导是高等院校依据一定的价值规范，使高等院校学生价值观发生转变。这种价值引导方法不仅能实现主流价值观的引导功能，还能引导高等院校学生的社会生活。榜样引领与思想政治教育中的观察学习一致，能在潜移默化中感染高等院校学生，使高等院校学生形成正确的价值观。

在运用好传统价值引导方法的基础上，高等院校还需要运用高等院校学生思想政治教育活动的各项资源，对价值引导方法进行创新，以适应时代发展的要求。

一是要利用各项文艺创作类活动进行价值引导。文艺类活动是高等院校学生思想政治教育的重要方式，一些西方学者认为文化具有濡化作用，即文化具有习得性，其贯彻人的一生并能塑造人格，马克思主义经典作家也认为文艺具有育德的作用。因此，高等院校可通过文艺创作类活动进行高等院校学生价值引导。当前，利用该方式进行高等院校学生价值引导已有一些经验典型。齐鲁工业大学举办以陶瓷窑变花釉和书法为载体的文化创作活动，在活动过程中不仅有专业教师进行指导，还有思政课教师引导学生挖掘其中的思想政治元素，通过文艺创作活动引导高等院校学生树立正确的价值观。无锡工业职业技术学院则通过相声进行价值引导，该校的金山相声社结合时代热点进行剧本创作，以说相声的方式传播核心价值观内容。

二是高等院校要利用好互联网的优势，运用好观察示范法进行价值引导。互联网是高等院校学生思想政治教育的主要阵地。"互联网+"背景下，示范的形式增加、效果增强，可运用示范学习法进行高等院校青年学生价值引导。首先，高等院校要利用多样化的示范形式吸引高等院校学生对核心价值观信息的注意。观察学习理论认为决定注意的因素包括示范活动的特征、观察者的特征以及人们互动的结构安排。"互联网+"背景下，云计算、虚拟技术、网络视频等新技术不断发展，这使得信息的示范变得扁平化、图像化、去中心化，极大增强了信息的吸引力。高等院校学生思想政治教育价值引导需借助这些新技术，将价值引导内容融入虚拟技术、网络短视频等中，从而为高等院校学生不断输入核心价值观信息。例如，浙江大学就通过"数说唐诗宋词"增强高等院校学生的文化自信，该校运用大数据将唐诗宋词可视化，其在网络发布后成为"网红"，很受青年高等院校学生的追捧。该大学的相关负责人表示，"数说唐诗宋词"是以支部为基点建设的一个项目。它既有利于团队凝聚人心和力量，也有助于传统文化传播，树立文化自信。其次，高等院校要利用"互联网+"的开放性、互动性、融合性强化高等院校青年学生对核心价值观信息的记忆。观察学习理论认为符号转化以及复述有利于观察者对信息的记忆。"互联网+"背景下，要将核心价值观信息融入各类网络平台，使高等院校学生能随时随地接收到核心价值观信息，从而增强高等院校学生对核心价值信息的复述，强化其对核心价值信息的保持。再次，高等院校要利用各种强化手段，强化高等院校学生对核心价值观的外化。观察学习理论认为，观察习得的行为受直接诱因、替代性诱因以及自我生成诱因的影响。引导者要利用好替代性诱因的作用，利用某些网络平台如微信、微博、抖音等的点赞、转发功能，将弘扬正能量的内容推上热搜，从而营造良好的价值引导氛围。

三是高等院校要运用好大数据，建立价值引导信息数据库，实现价值引导信息的精准化推送。新时代是大数据时代，高等院校学生作为网络原住民，他们利用网络与外界进行交往的过程中会留下大量数据碎片，高等院校要用这些数据碎片构建高等院校学生的画像模型（画像模型主要包括大学生的个人情况、兴趣爱好等）。根据这些画像模型，高等院校建立价值观个性化学习资源数据库，为高等院校学生的价值观个性化学习提供资源支持。此外，高等院校要运用好算法推荐功能，根据高等院校学生的画像模型，主动推送适合高等院校学生的价值引导内容，实现价值引导的精准化。

（四）建设主旋律文化环境制度

主旋律文化是主流意识形态所倡导和推行的文化，承载着主流价值观，能为人民服务、为社会主义建设服务。在文化多样化时代下，思想政治教育场域内存在多元文化、多种社会思潮，多种文化"力量"交汇，具有弱化主流价值观的风险性。马克思主义经典作家主张文艺育德，习近平总书记指出，加强高校思想政治工作，要更加注重以文化人以文育人[①]。这就迫切需要政府弘扬主旋律文化，构建弘扬主旋律的文化环境，发挥文化育人的作用。

制度建设增强人的积极性和创造性，要构建弘扬主旋律文化环境需要制度做支撑。一是政府要加强文化产品生产立法，从源头上构建弘扬主旋

---

① 王云瑞. 习近平文化育人论述的研究 [D]. 贵阳：贵州师范大学，2021.

律文化环境。社会主义市场经济环境下，有些文艺作品存在见利忘义的问题，被市场所绑架，一味迎合受众的心理，重视受众的感官享受，却忽视受众的精神需要。这些低俗、庸俗、媚俗的文化产品充斥着思想政治教育场域，会给高等院校学生带来错误价值观。为此，政府要通过立法限制低级趣味的书刊、音像制品等的出刊和发行，扶助弘扬主旋律的文化产品的生产和制作。二是要优化文化市场的监管制度。"互联网+"时代，网络开发、互动等特点给低级趣味文化的传播提供可乘之机，网络思想政治教育场域参差不齐的文化产品会误导高等院校学生的价值观。为此，要优化文化市场的监管制度，净化网络文化环境。一方面要发挥市场主体、社会组织、行业组织等的协同治理作用。政府要转变监管角色，从全能监管者变为调控者，建立开放的沟通环境以促进各文化生产主体的充分博弈，避免传统监管方式损害多元主体利益。各文化生产主体也要履行责任，加大监管投入，参与文化市场治理。行业组织要履行行业规则、标准、公约的制定职责，引领文化市场监管。同时，要完善信息共享和反馈机制，发挥中介作用。另一方面，要明确内容标准，实现分类管理。由于内容对应的行为缺乏具体的界定标准，导致内容审核较随意、主观，这就需要明确内容标准，实现分类管理，做到内容监管有理有据。三是完善文化产品评价体系制度建设。主旋律文化是为人民服务的、为社会主义建设服务的，在对文化产品进行评价时，要将其是否能为人民服务、为社会主义建设服务作为最高标准，要将群众评价、作家评价和市场检验结合；要完善评价机制，确保评价机制的公平、公正、公开，要将评奖的种类精简，从而提高文化产品评价的权威度和公信度；针对票房、收视率以及发行量等要进行合理地设置；对文化企业的评价不能仅看经济效益，还要注重社会效益，经济效益要与社会效益同行。

（五）专业课教师要注意工作格局的构建

思想政治教育泛在性指示出高等院校学生价值引导过程存在缺失，为此，专业课教师要构建"大思想政治"与社会"大课堂"相结合的工作格局。

专业课教师构建"大思想政治"与社会"大课堂"相结合的工作格局，要自觉提高价值引导能力。专业课教师是高等院校学生价值引导者，承担着育人责任。为此，专业课教师要从四个方面提高价值引导能力。其一，专业课教师要明确育人任务。价值观存在于高等院校学生生活的方方面面，高等院校学生价值迷失问题的发现与引导不仅需要依靠思想政治课教师，还需要专业课教师。专业课教师不仅要明确专业课程育才功能，还应发挥其育人功能。高等院校学生处在价值观形成的关键时期，专业课教师在专业教学过程中要注重价值引导，将高等院校学生培养成合格的建设者和接班人。其二，专业课教师要加强政治理论学习，自觉提高马克思主义理论素养。过硬的政治理论水平是价值引导的前提。专业课教师除系统地参加学习外，还要自觉阅读马克思主义经典著作，通过"学习强国""人民日报"等客户端提高政治理论水平。其三，专业课教师要挖掘专业课程中的价值引导元素，优化教学设计。课堂教学是价值引导的重要方式，专业课教师要结合专业特点，根据价值引导的目标，挖掘高等院校学生价值引导的元素，在潜移默化中进行高等院校学生价值引导。例如，在人文社科类课程中，可进行中华优秀传统文化、红色文化的渗透，帮助高等院校学生消解价值困惑，引导高等院校学生认同社会主义核心价值观。在自然科学类课程中，专业课教师要结合科技发展背后的故事，向高等院校学生传递老一辈科学家团结协作、无私奉献、忠于国家的精神，引导高等院校学生为社会主义现代化建设服务。其四，专业课教师要掌握学生的思想动态，在良性互动中提升价值引导效果。专业课教师要通过线上线下混合式教学、线上访谈等了解高等院校学生价值困惑，并进行及时引导。

专业课教师还要鼓励高等院校学生参与社会实践活动，在社会实践中引导高等院校学生树立正确的价值观。例如，安徽工程大学利用乡村振兴调研这项思想政治教育活动深化高等院校学生对社会主义核心价值观的认同。该校围绕"新时代乡村变迁与振兴"组建调研团，组织学生假期前往乡村调研，让学生在访谈群众、聆听乡村发展故事并用文字记录乡村发展的社会实践中感受乡村振兴，从而深化对社会主义核心价值观的认同。

第二节 高等院校思想政治教育具体实践途径

基于当前我国思想政治教育面临的问题与困境，如何破解我国现实思想政治教育的困境，提高思想政治课的实效性，成为亟待解决的关键问题。

一、教育主管部门要优化课程管理制度

教育部门是一个国家专门负责教育的主管部门。我国的教育行政部门分为中央教育行政部门和地方教育行政部门。对于高等院校的教育来说，既需要中央行政教育部门的统一指导，又需要地方教育行政部门根据地方实际来进行规划和设置。对于当前高等院校思想政治课教学来说，教育主管部门需要做好以下几个方面的保障工作，以便增强该课程的重视度和保障该课程的顺利实施。

（一）提高课程重视度

教育主管部门要从思想层面和行为层面给予思想政治课足够的重视，通过提高高等院校思想政治课的比重和变革现行考试制度，提高人们对该课程的认识和增加重视度。长期以来，高等院校思想政治课在学校、教师、学生、家长心目中的地位还是不高的，狭隘认识制约着思想政治课功能和作用的发挥。所以，提高思想政治课的课程地位是解决"不重视"问题的关键。教育主管部门首先要在制度层面和理论层面提高了该课程的重视度和地位。在具体实践过程中的地位，还需要在一些新方案实施一段时间后再继续考察，并且还得根据考察结果来分析是否有利于改变该课程现行的教学现状。

（二）变革现行的考试制度

"不敢改"是因为现行的教育考试制度依旧以考查学生的理论知识的

记忆为主，学生能背、能默写，在考试中就能取得好的成绩，教师如果进行课程改革，则短期内难以取得效果，在这期间教学的进度和学生的学习成绩都会受到影响，学生的学习成绩又关乎教师个人的名誉、教学效果的评价以及职称等各方面的评定。

为了更好地实现思想政治课程"立德树人"的根本任务，各级教育主管部门应充分考虑改革现行的考试制度。首先，变革考试的方式，采用灵活多样的考试方式。以"笔试"和"平时表现"来评定学生的平时成绩和笔试成绩。"笔试"主要考查学生对学科基础知识的掌握程度。"平时表现"考查学生在整个学习过程的表现和学生运用知识解决问题的能力。例如，课堂参与情况，课后良好行为习惯的养成，违规违纪情况。"平时成绩"的由教师通过每个学期对学生的观察给予评定，并将学生的平时表现成绩提供给教育主管部门，将平时成绩纳入成绩的评定中，通过"软硬兼施"的方式帮助学生形成良好道德品质，养成遵纪守法的行为习惯。其次，在"笔试"考核的内容和题型设置上，以基本观点的理解和运用为主，主观题和客观题的选择尽量与学生的生活相联系，难度要适中，尤其是主观题的设置要具有开放性，鼓励学生通过思考和创新发表自己的观点，言之有理即可得分。

（三）加大资金的投入

《中华人民共和国教育法》的第五十七条对专项资金使用的对象做了规定[①]。需要认识到相对于沿海和内陆地区来说，一些边远地区由于自然地理环境和自身因素的影响，经济发展落后，自身发展机制不完善，需要国家和政府加大教育经费的投入力度。尤其是加大对高等院校教育专项经费的投入，有利于改善高等院校的教学条件，保障教学活动的有序开展。笔者通过调研发现，许多高等院校，教学的硬件设施得不到保障，有些教室没有多媒体，有些教室虽然有多媒体，但出现故障之后一直没有资金维修。除此之外，一些高等院校在操场、厕所等学校公共基础设施的完善上还存在着很大的不足。例如，有高等院校操场修了两年还没修好，学生没有运动的场地。甚至有的学校厕所都不能满足学生需求。笔者曾经去过一

---

① 全国人民代表大会常务委员会关于修改《中华人民共和国教育法》的决定［R］. 全国人民代表大会常务委员会公报，2021，4.

所高等院校，期间让学生用纸条写一下对该课程教学的建议和对学校的建议，大多数学生没有写对课程教学的建议，写的都是"希望学校能给我们建一个稍微大点、干净一点的厕所"。

二、学校要完善课程教学管理工作

学校是有目的、有计划、有组织地向受教育者传授知识，培养符合社会要求的公民的一种特殊社会组织。学校是教师开展教学活动的载体，学校的教学活动、课外活动、校园环境、校园文化等对因素对学生思想品德的形成和发展都具有一定的影响。学校的教学理念、教学管理制度、教学考核方式等都对教师教学产生一定的影响。教学评价体系不健全、校园文化建设不足等都是影响当前高等院校思想政治教学效果不佳的因素。因此，高等院校应该做好校园文化建设工作和构建合理的课程评价体系，以此来保障思想政治课的教学。

（一）不断完善课程评价体系

好的教学评价体系不仅能够提高教师的教学水平，同时也能够提高学生的综合素质。笔者通过调研发现，高等院校思想政治课的教学评价体系不完善，并且以学生考试成绩作为教学评价的唯一方式已经严重影响了教师教学的积极性，也导致了教师在教学中过于重视知识目标，忽视了教学的情感价值观目标和能力目标。为了提高思想政治课教学的实效，实现课标要求的教学目标，学校必须对思想政治课的教学评价体系进行完善，要构建一套有利于促进学生、教师和课程发展的评价体系。

第一，在学生的评价上要建立促进学生全面发展的评价体系。高等院校思想政治理论课与其他课程有所不同，它是以培养学生良好道德品质和相关法治知识为目标的，其目的在于促进学生健康成长。所以对学生学习效果的评价不能以考试分数作为唯一的标准，而是要考察在整个学习过程，学生思想和行为的变化情况。因此，对于学生的评价要从评价目标、评价内容、评价主体、评价方式等方面做出具体的规划。在评价目标上，要淡化之前中学阶段"应试教育"影响下的甄别和选拔功能，要更加关注学生的需要，突出评价的激励和调控功能，使学生能够通过教学评价，发现自身存在的问题，总结经验教训，及时调整学习策略、改进学习方法、增强学习的自觉性；在评价内容上，改变过去只重视知识目标的评价，忽视情感态度价值观和技能上的评价，评价内容要综合化，让学生清楚自己哪些方面有欠缺和不足。教师可以从学生学习态度的转变、交流合作的积极性、课堂参与的积极性、学生道德行为的转变等方面做出评价；在评价方式上，要改变以往"一考定性"的教学评价模式，评价不仅要关注结果，更要关注发展变化的过程。在学生道德品德的形成和发展过程中，要经常、及时、动态地实施评价，将形成性评价与终结性评价结合起来，并且要更加注重发展过程中的形成性评价，评价的方式尽可能多样化。在进行形成性评价时，要尊重学生的差异和个性特点，以学生自身的状况为基点，进行横向和纵向的比较，发挥评价的激励作用，增强学生的自信心，强化学习动机，让学生在现有基础上得到发展。在评价方式的选择上，教师可以充分利用访谈、观察和成长记录袋等方式来记录学生品德形成和发展的过程；在评价主体上，要注重评价主体的多元化，要从单向的教师评价转向多主体评价，建立起教师、家长、管理者、学生之间共同评价的评价制度，尤其要重视学生之间的相互评价，以及家长对孩子的评价。

第二，在对教师的评价上建立发展性教师评价体系和激励机制。在对教师教学的评价上也要将终结性评价与过程性评价相结合，并且要更多地关注过程性评价。要看到教师在教学中所做的努力和存在的不足，对于积极开发课程资源、丰富教学内容、利用多种教学方式和方法激发学生学习兴趣、提高学生课堂参与性的教师，要及时地给予鼓励和支持，对于在教学过程中"照本宣科"的教师，要及时地提出教学改进的建议，促进教师在教学过程中不断地提高自身的教学水平。除此之外，在教师评价的方式上可以采取教师自评、教师之间互评、学生评价等多种方式，激发教师的教学积极性和创造性。

（二）拓展实践教学平台

第一，要结合本地方的特色和实际情况，开展多样特色的校园文化活动来辅助思想政治课教学的开展。结合传统文化、红色文化等开展文化大课间操、节日活动，举办一些爱国主义、民族团结、诚信、理想、孝道等与思想政治课程内容相关的演讲比赛、知识竞赛等活动，增强学生的自主参与意识，开设文化社团，丰富学生的校园文化生活。例如，有的高等院校就开设了民族社团，自社团开设以来，社团中的民族文化活动大大激发了学生的兴趣和参与度。

第二，学校要结合本地方的现实条件，拓展校外教学实践平台，组织一些相关的校外实践活动，让理论与实践相结合，使学生在实践中感受和体会所学知识，丰富学生的课外生活。例如，与本地方的博物馆、抗战纪念馆、民族英雄故居、民族文化遗产传承中心、法院、社区等一些社会机构建立共同教育平台，定期带领学生实地参观和考察。如果没有这些实践教学平台，则可以利用自身优势，带领学生走出校门，参与社区服务，带领学生参观大自然的美好风光，让学生感受大自然的魅力，感受生命的多样性。

（三）注重课程课时的分配

课时保障是教师开展课程教学的条件。课时保障不足，教师在教学过程中就不能很好地对教学内容进行分析和讲解。在高等教育阶段，思想政治课是中高等院校对学生进行思想政治教育的关键课程。因此，学校必须重视思想政治课，在课时分配上，要合理地分配好思想政治教育的课时，既不能影响其他课程的教学，同时也要保障本课程的教学。目前，大多数学校在该课程的课时分配上仍然不足，至少要保证该课程每周有3次正课，不能用晚自习来顶替正课教学，还要考虑将课时划分为课堂教学课时和课外实践课时。

（四）创建良好的教育环境氛围

增强思想政治教育工作吸引力感染力，创建良好的教育环境氛围是非常重要的一个环节。思想政治教育氛围的营造，既依托于必要的硬件建设，也离不开多样的制度建设。以某高等院校为例，主要通过加强上墙文化、事务栏、荣誉室（墙）、公共媒体等四种方式开展氛围营造工作。

展板、橱窗、宣传条幅等宣传符号是最为常规的氛围营造方式。通过科学的设计编排，与重要教育内容相互呼应，有助于学生掌握教育的重点和精髓。以某高等院校为例，2019年，在其工作场所共布设有两个橱窗展示栏，四个展板展示区，挂设有两个条幅。橱窗分别展示的是庆祝中华人民共和国成立70周年和年度主题教育的内容。四个展板分别展示的是学校近五年发展目标、校训、年度工作思路以及重要讲话。条幅是一些有趣的标语。通过上墙文化，将环境与思想政治教育工作有机结合起来，在潜移默化中实现思想政治教育的目的和效果。

事务公开栏也是一个学校各类基层事务的主要场所，也是学生最为关注的场所之一。事务公开栏与上墙文化相比，因其可随时更换的特点，流动性强，更易于展示一些时效性较强的内容。有不少高等院校为党建或思想建设开辟了专门的位置，主要展示心理健康教育学习资料、教育活动计划、与教育相配合的人员承诺书，等等。

此外，利用好荣誉室（墙）也是十分必要的。思想政治教育工作需要时间的积淀和实践的考验，需要在一代代学生的薪火相传中锤炼，所以精神的传承对于学生来说有着更为深层次的意义。各高等院校都不同程度地建设有荣誉室或荣誉墙，这是高等院校思想政治教育工作最生动、最接地气的活教材。以某高等学校荣誉墙为例，主要设计的功能模块有学校简介、历史沿革、主要荣誉、未来展望四个部分，充分展现了一个学校的历史脉络、先进典型等内容。在一些重要的时机，组织学生定期参观荣誉室（墙），了解学校文化，可以提升学生对学校的认同感，激发学生的积极性和主动性。

最后，凸显公共媒体的宣传作用。利用新闻广播、新社交媒体等方式开展思想政治氛围的营造，包括典型人物事迹宣扬、思想政治教育工作开展情况介绍等，采用媒体方式的思想政治教育氛围营造，传播性好、受众面广，能起到事半功倍的效果。例如，有的高等院校制作了四期"人物风采"系列活动，选取了四个主题，分别是"年轻教师骨干系列""学生学校生活""家庭系列""优秀学生系列"，在"我们的天空""学习天地"等媒体公众号上发表了与主题相关的文章，让更多的人了解到学生学习和生活的点滴，为提升学生荣誉感提供了有效途径。在与学生进行交流时，大家普遍认同此类宣传模式，一个学生说道："看到新闻上同学的故事，就好像看到自己一样，感同身受，特别愿意把新闻转出去，让更多的人看到，更好地了解我们。"同时，通过公共媒体进行氛围营造时要特别注意保密隐私的问题，防止发生侵犯隐私的事情。

（五）与家庭教育相结合

高等院校不仅承担着育人的主要任务，还是思想意识形态工作的主阵地，同时高等院校是学生生活、学习的主要场所。因而高等院校必须将时代发展、社会需求和大学生发展需要相结合，其思想政治教育应当有与家庭教育进行衔接的意识，在强化家庭教育指导、深化家庭教育理论研究的同时重视优良家风、家训等内容的宣传，有效地组织学生开展家风家训主题实践活动。这样以家庭教育为新的触点，切实完成好高等院校促进大学生思想政治素质提高的任务。

第一，高等院校思想政治教育应坚持理论与实践相结合的原则。以大学生为主体，以家庭教育有关的经典故事为题材开展校园文化活动来传播优秀家庭教育思想，营造传播优秀家风家训文化的氛围，使学生在高等院校校园文化活动中感受到优秀家庭教育的潜在育人作用，感受到优秀家庭教育的魅力。也可以定期组织大学生观看经典纪录片，让大学生了解优良家风家训，促使大学生感受到教育对人成长的作用，增强大学生对家庭教育重要性的认识。

第二，高等院校要以提高学生思想道德素质为目的，将优秀家庭教育中的经典故事及精彩情节整合起来，编写出有利于大学生成长的优秀家庭思想政治教育材料。其次，要深化对优秀家风家训课程的建设。优秀家风家训课程有助于大学生身心发展。高等院校可以在思想政治教育课程设置的过程中兼顾优秀家风家训课程的设置，这样有助于大学生吸取优秀传统文化知识，从思想道德方面对学生进行教化。最后，高等院校可以利用高等院校自身的优势成立家庭教育思想政治理论宣讲团，普及家庭教育的基础知识、科学且实用的家庭教育方法，助力家庭建设，持续燃起家校思想政治教育明灯，强化家校思想育人效果。

三、社会要营造良好的教育环境

（一）加强经济的助力

经济基础决定上层建筑。地区教育事业的发展需要经济基础给予支持，只有地区经济不断发展，学校的教学基础设施才有保障。只有地区经济不断发展，提供一定的就业岗位，大学生的就业率才会上升。对于一些地区来说，要加强地区特色产业的开发力度，发展经济，促进地区农村经济的发展。除此之外，政府部门要加大对经济贫困家庭的救助，帮助困难学生顺利入学，将扶贫与扶智相结合，整体上提高我国人民的综合素质。政府部门一定要善政，加快地区经济发展的脚步，从根源上减少地区教育问题，与家庭、社会、学校共筑保障大学生的合力，关注大学生的良好发展。

（二）纠正社会不良之风

在尊重各地文化和习俗的基础上，加快推进移风易俗工作，纠正地区不良之风。首先，要加强法制宣传教育。一些社会上的人员文化程度普遍不高，法制观念淡薄。因此，司法机关、公安部门等要加强法制宣传教育，增强人们的法律意识，维护社会秩序稳定，给高等院校思想政治课营造良好的社会环境氛围。其次，要根除社会上的一些"重男轻女"的思想，通过宣传男女平等的思想，为女孩争取平等的受教育机会，减少大学生中女生就业受歧视等现象的发生。再次，要化解"新读书无用论"思想的危害，让人们正确认识读书对于社会与国家发展的重要作用，以及读书对于边远贫困家庭大学生的重要作用。最后，要注意纠正社会上的不良之风，如赌博风、酗酒风、迷信风等。除此之外，还要抑制当前社会存在的不诚信之风，为思想政治课教学营造良好的社会环境。

（三）优化网络文化

网络是一把双刃剑。为了给大学生营造良好的网络学习环境，发挥网络对高等院校学生进行思想政治教育的重要作用，加强网络文化建设刻不容缓。首先，要加强网络文化内容建设。网络文化内容要真实，要坚持正确的舆论导向，弘扬主流文化价值观，服务于人们的精神文化需求。其次，要加强网络监管与治理。加强对网络上垃圾邮件、色情网站、网络诈骗、网络游戏的监管，对一些不良网站和非法网站坚决取缔，依法管理。最后，学校要建立校园网，为教师和学生提供教学和综合信息服务平台，从学校层面筛选网络信息，阻挡非法网络信息，建立起多层防护的网络安全体系。同时,要善于利用学校官方网络平台对高等院校学生进行道德教育和法治教育。例如,在学校官网、微信公众号、抖音、微博等互联网平台上,发布一些与思想政治教育课程教学相关的活动,也可以拍摄一些具有启发性的视频放在平台上供学生学习。

四、发挥思政课教师的主观能动性

习近平总书记指出,办好思想政治理论课关键在教师,关键在发挥教师的积极性、主动性、创造性。为了更好地促进思想政治理论课的改革创新,习近平总书记提出了"六个要"与"八个相统一"的要求[①]。从思想政治课改革创新的角度来看,"六个要"与"八个相统一"的主体都是思想政治教师。"六要"是对思想政治教师个人应具备的素养提出的要求。"八个相统一"是指思想政治课改革创新需要坚持的八个方面,强调思想政治教师在发挥自身主观能动性创新思想政治课时,要坚持这八个具体方面的要求。结合习近平总书记对思想政治课建设和思想政治教师的要求来看,高等院校思想政治课在其他条件有保障的基础上,提高课程教学效果的关键在于教师,教师是教学的关键,同时也是建构教育主管部门、家庭、学校、社会、教师五者教育合力的关键。因此,对于高等院校思想政治课教师而言,需要从准确的认识自己的社会角色和职责、转变教育理念和综合素养、发掘和丰富课程教学内容、改进与完善课程教学方法等方面来发挥自身的主观能动性,将高等院校思想政治课的教学效果的提高置于课程教学的关键,帮助高等院校学生正确地认识个人、社会、国家三者之间的关系,帮助高等院校学生养成良好的道德品质和增强法治素养,帮助他们健康成长,做社会主义合格的建设者和接班人。

(一)准确定位职业角色和履行职责

角色是人们对具有特定身份的人的行为期望。国外的一些人认为"教师是人类灵魂的工程师"。我国从 20 世纪 90 年代开始对基础教育进行改革,并于 2001 年 6 月颁布了《基础教育课程改革纲要(试行)》。政治课

[①] 颜晓峰,孙兰英,栾淳钰,等.办好思政课关键在教师——学习贯彻习近平总书记在学校思政课教师座谈会上重要讲话[J].天津大学学报(社会科学版),2019,21(03):193-201.

教师的角色定位就是要明确政治课教师的职责，应该做什么、必须做什么以及怎么去做的问题。思想政治教育教师的角色定位，既是学生思想政治教育实现的要求，也是教师自身发展的内在要求。

1. 准确定位职业角色

教师观的主要内容包含着两个方面：一是教师角色的转换，二是教师行为的转变。从现代教师的角色转换来看，教师要由知识的传授者转变为学生学习的引导者和发展的促进者，要由课程的执行者变为课程的建设者和开发者，要由"教书匠"转变为教学的研究者和开发者，要从学校的教师转变为社区开放型的教师。思想政治课教师除了要遵循现代教师观的角色转换要求外，还要根据课程的特点对自己的职业角色进行定位，思想政治课教师的角色定位主要有以下几个方面。

第一，学生学习的引导者和发展的促进者。"传道授业解惑"是自古以来人们对教师的角色定位。然而，由于人们认识的局限性，教师的角色定位往往局限于知识的传授者。这样的角色定位使课堂教学出现"满堂灌"和"一言堂"的教学现状，学生学习的主体性地位难以发挥。新课程改革要求教师要引导学生开展自主、合作和探究性学习，引导学生通过调查、讨论、辩论、访谈中提高自主学习、合作学习以及探究学习的能力，激发学习兴趣，锻炼和提高高校学生分析问题和解决问题的能力。

第二，思想政治教育的先行者和道德行为的示范者。高等院校思想政治课是对大学生进行思想政治教育的主阵地，课程的性质和目的决定了思想政治教育教师是思想政治教育的先行者和道德行为的示范者。高等院校学生思想政治素养的形成一般经过依从、认同和内化三个阶段。有效的说服、树立良好的榜样、群体约定、奖励与惩罚、价值辩论等，都是促进高等院校学生形成良好思想政治素养的方法。但对于高等院校思想政治课教师来说，最好的道德教育莫过于"言传身教"。"言传身教"是思想政治教师的基本素养，思想政治教师的一言一行都会对学生的成长产生一定的影响，尤其是对于高等院校学生来说，教师的行为就是他们做人做事的一面镜子，教师的一举一动都会对他们产生强大的感召力和说服力。因此，思想政治教育教师要时刻谨记自己是道德行为的示范者，要为学生树立好道德榜样，让自己的一言一行都具有感染力和可信性。

第三，学生价值观念的引领者和健康成长的呵护者。在信息多元化的时代，人们的价值观念具有多样化的特点。高等院校学生心理发展不成熟，信息辨别能力弱，一些不良的信息会扭曲学生的价值观。"价值观念是人们对于什么是好（坏）、利（害）、善（恶）、美（丑）的看法。"在价值多元化和价值冲突不断加剧的时代背景下，思想政治教师要坚定自己的理想信念，树立正确的价值观念，弘扬时代的主旋律，传递好"真、善、美"的价值观念，要给学生的心灵埋下真善美的种子，做学生价值观念的引领者。为此，教师在引导学生树立正确价值观时，要尽量运用分析、比较、甄别的方法让学生在分析各种利弊的基础上，做出符合自身和时代要求的价值判断和价值选择。除此之外，高等院校学生的情绪情感非常敏锐，如果得不到有效的引导，学生在一定程度上极易出现心理健康问题。思想政治课教师要关心和爱护学生，做学生的朋友，学会倾听，做学生健康成长的呵护者。

2. 积极履行职业职责

教书育人是教师的天职，是教师的基本工作要求，更是教师的基本使命。作为落实立德树人根本任务的关键课程，高等院校思想政治课对高等院校学生起着政治引领和价值引导的作用，对高等院校学生的健康成长至关重要。高等院校思想政治课教师在明确自己的职业角色之后，要自觉地履行自己的职业职责，担负起立德树人的重任。

我国高等院校教师的道德品质和职业基本行为有具体的规定，总结起来有六条，分别是爱国守法、爱岗敬业、关爱学生、教书育人、为人师表、终身学习。目前，由于面临特殊的教学环境和教学对象，一些思想政治课教师出现了职业倦怠的现象，教师在教学中只是单纯地完成学校交给的教学任务，很少管学生，教学的积极性和信心都存在着不足。在访谈中，一些教师谈道，刚开始工作时，对教学工作信心满满，认为自己能够帮助学生改变不良的行为，但工作一段时间后，发现自己的付出没有收获，渐渐地自己也不想管学生了，况且自己也管不住学生。作为一名思想政治课教师来说，无论面对什么样的教学环境，一定要学会调整心态，积极履行自己的职业职责，勤恳敬业，乐于奉献，关心和关爱学生。

关心和关爱学生既是教师掌握学情的基本方法，也是教师了解学生需求的重要途径。高等院校学生正处于情绪情感的敏感时期，心理问题和不良行为的高发期。对于思想政治教育教师来说，一定要加强与学生的沟通和交流。结合笔者自身的教学经验，笔者发现，越是个性的大学生，他们越想获得老师的关注。所以，教师只有加强与这些学生的沟通交流，了解他们内心的真实想法，才能找准"失范行为"发生的根本原因。思想政治课教师要给予他们特殊的关照，积极地引导，不能不管学生。

（二）转变教学理念和提高综合素养

1. 转变应试教学理念

高等院校思想政治课教师要顺应教育的要求，从思想上克服一些应试教育的不良影响，牢固树立素质教育理念，正确认识思想政治课在学生成长和发展中的地位和作用，转变重知识、轻实践的教学理念，使学生在知识掌握、技能学习、实践能力、道德观念、责任感等方面全面提升。教育不能脱离生活而存在，要服务于生活，要服务于社会，教和学都要以"做"为中心。部分高等院校学生的知识基础薄弱、不重视学习、学习态度不端正、道德行为失范。针对这样的现实情况，改变学生的学习态度，引导学生树立道德意识和法治观念，规范学生的道德行为是重中之重。只有加强对学生道德意识和法治观念的引导，高等院校学生的辍学、逃课、打架、等问题才能得到真正的解决。

也只有这样，才能发挥思想政治课促进学生健康成长，维护社会安定和谐的社会秩序。因此，高等院校思想政治课教师要坚持该课程的基本教学理念，逐渐弱化应试教育对教学的影响，以学生为本，做好教学工作。

2. 提高综合素养

教育者必先受教。俗话说"教师要给学生一杯水，教师自身就需要一桶水"。然而，对于当前的教学来说，教师仅仅只有一桶水是远远不够的，教师需要有源源不断的水，只有这样，才能结合时代要求，传授给学生知识。教师加强学习是教师专业成长的"保鲜剂"，教师在教学中要学会反思，正确认识自身存在的不足，要经常给自己"充电""蓄能""补钙"，要树立"活到老，学到老"的终身学习理念。教师教学水平的高低影响着课程的教学效果，也影响着整个学校的教学水平，更关系到整个国民素质的提高。优秀的师资力量是学校教学工作顺利开展的保障。目前，一些高等院校的优秀师资力量不足，思想政治课教师在专业素养和教育教学素养等方面还存在着不足。为了更好地适应"一专多能"的职业角色要求，思想政治课教师必须要加强学习，提高自身的综合素养。

首先，要提高政治素养，坚定政治立场。对于一名思想政治教师来说，要具有扎实的理论基础，既要掌握思想政治学科所要求的专业基础知识，又要关注时政。当前，大多数思想政治教师法律知识欠缺。因此，需要加强对法律知识的学习，补齐短板，掌握法治国家、法治社会的相关内涵，引导和帮助学生树立法治观念，让学生知法、懂法、守法、用法、护法。除此之外，思想政治课教师需要从其他学科中学习科学文化知识，紧跟时代发展要求，不断丰富自身的知识储备。可以从历史学、教育学、伦理学、法学、文学等相关学科的知识学习中拓展知识面，提升人文素养。最后，思想政治课教师要加强专业技能的学习。一名合格的教师不仅要具备扎实专业知识和科学文化素养，更要掌握一定的教育理论知识和教学技能。对于教育理论知识的学习，教师可以看一些关于教育学、教学心理学、课程教学方法论等相关书籍，也可以上网搜集国内外关于该课程的教学研究，吸取经验。对于技能的提升来说，教师可以从学科网、高等院校教学研究公众号等途径收集一些好的课件，观看一些优秀教师的教学视频，在教学中不断地探索适合自己的教学方法。

可以说，坚定理想信念，提高政治站位是每一位高等院校思想政治教师都需要遵循的准则。高等院校学生正处在"三观"形成的关键时期，思想活跃，更需要高等院校思想政治课教师正面的积极引导。当前高校面对复杂多元的外部环境和国内市场经济的影响，这就要求广大高校高等院校思想政治课教师在大是大非面前，要有明确的政治意识和灵敏的政治鉴别力。加强引导高等院校学生做中国特色社会主义的坚定信仰者，肩负起立德树人、铸魂育人的神圣使命。梦想要以梦想去点燃，高等院校思想政治课教师只有自身坚定政治理想信念、提高政治站位，才能在学生心中播撒民族梦想的种子。这就要求高等院校思想政治教师要怀有远大志向，涵养深厚的家国情怀，引导激励高等院校学生的爱国情感，争做一个坚定政治理想信念的高等院校教师。一方面，思想政治教师心中要满载国家和民族，主动将党的教育方针落实到教学管理工作当中。如将中国特色社会主义的政治制度、政党制度以及政治理念等传播给学生，以达到政治认同和公共参与的核心素养目标。另一方面，思想政治教师要做文化自信和自觉的忠实践行者，做社会主义核心价值观的积极传播者，为广大高等院校学生把好人生的"总开关"。如结合中华文化、中国精神和中国价值来培养学生的人文积淀和价值取向，感悟民族优秀传统文化，帮助学生发展成为有更高精神追求的人。

（三）发掘和丰富课程教学内容

课程教学内容的完善是思想政治课教师开展有效教学的重要方面。对于思想政治课教师来说，及时完善课程教学内容、开发课程教学资源是提高课程实效性和有用性的重要途径。对于高等院校思想政治课教学来说，完全可以实现多样化的教材开发。高等院校思想政治课的教学内容除了要坚持国家统一的教学内容，还应该针对一些地区文化环境的特殊性、教学目的的双重性、政策特殊性、教育对象复杂性进行相应的调整。因此，教师需要深入分析教材，在吃透教材的基础上，充分发掘具有地区特色的教学资源，补充思想政治教育的相关内容。

1. 深入分析教材内容

"教材是教与学的中介，是教学最重要、最基本的依据。对教材的分析和处理是确定教学目标、设计课堂教学、制定教学方案的前提和基础。钻研教材，核心是钻研教科书。"教师对教材的分析和钻研要达到"懂"和"透"两个境界。"懂"就是对教材的基本思想、内容、概念掌握准确。"透"就是对教材了解透彻，深刻掌握，熟练贯通，将教材的内容通过自己的理解和消化吸收，将其纳入自己的知识体系之中。相对于教材来说，教师不一定要按照教材设置的框题和目题的顺序来进行机械式教学，教师可以在把握教材主旨和学情的情况下分板块进行教学，将教材中前后相关的知识点整合起来，活化教材，对原教材进行再加工、再创造，对教材中烦琐、枯燥的知识和概念进行精炼。

2. 充分挖掘地区特色教学资源

"教材是学生在校学习的主要资源，而非唯一资源；它是一种范例，但不是唯一的范例。"充分挖掘特色教学资源，丰富高等院校思想政治课教学内容，是由政策背景、复杂的教育对象以及新时代思想政治理论课改革创新的要求所决定的。随着高等院校间的联系越来越广、高等院校和地方的融合越来越多，"开门办教育"为高等院校思想政治教育工作提供了新的途径和方向。对于高等院校来说，很多时候一些教师不是专业的思想政治教育工作人员，对思想政治教育工作的理解和把握程度远远不及专业人士，所以多渠道联动，实现组教施教最佳化、质量效益最大化是高等院校教师最为需要的方法创新。

首先向社会延伸。坚持把眼光投向广阔的社会大舞台，利用社会丰富的教育资源开展学习，对于高等院校来说是较新的一种尝试，尤其是随着这些年各方面融合趋势的不断深入，利用社会资源开展思想政治教育成为思想教育的新手段，比如积极运用地方纪念馆、展览馆等教育资源，组织学生参观驻地城市发展、国防教育基地，使大家从生动实践中深切感知教育的内涵和要义。以某高等院校为例，据统计在2015年至2019年五年间，先后与地方社会单位组织参观见学、学习交流等活动将近三十余次，极大拓宽了思想政治教育工作的开展路径。包括与常规的红色教育基地开展合作，充分利用成熟的红色教育资源帮助学生感悟科学理论的真理魅力和实践价值；同时与地方一些对口企业开展合作，借鉴企业的党建文化来推动本单位党建工作再提高；另外利用"七一""八一"等特殊时机，与地方社会资源开展共建活动。

其次向家庭延伸。充分考虑家庭、亲友对学生思想影响较大的因素，把与家庭沟通联络作为一项制度长期坚持，共同做好学生的思想政治教育工作。在评功授奖等重要时机适当邀请家属参与，见证光荣时刻、分享收获喜悦，增进学生对学校的归属感和认同感，增强思想政治工作的感染力。有的学校组织召开了一次家属恳谈会，共邀请了13名家属参加会议，占到开会总人数的三分之一，会上每个人都讲述了自己和孩子生活的点点滴滴，包括自己对学生家属身份认同的过程。对于高等院校的学生来说，家庭教育是非常重要的一个环节，做好家庭成员的思想教育，形成比较稳固的家庭关系，是确保各项工作圆满完成的基础。

再次是向文化层延伸。"布施行善，孝亲敬长"的家庭美德传统，"一家有事，全村相帮"的团结互助传统，"乐善好施"的友善观念，"非劳莫获，非己莫取"的规则意识，"一言既出，驷马难追"的守信观念，"以勤劳为美"的勤俭节约观念，"重情尚义，以礼待人"的交往观念，"尊重自然，敬畏自然，利用自然，保护自然"的生态价值观念等都是思想政治教育可开发和利用的教学资源。将文化与课程相结合，既体现了课程教学的统一性要求，又符合课程教学的多样性要求，在一定程度上也可以说充分体现了教学的实际。

　　最后，还要做好挂钩帮带，形成领导层与思想政治教育的"点对点"挂钩、教师与学生"结对子"互促等形式，安排各级领导和教师结合所学所感所悟，深入学生中面对面答疑，用自身学习成果带动教育效果不断深入。比如某高等院校每年至少要安排领导参与学生指导四次，除了参加必要的会议外，还会对主题教育、重大思想问题等方面进行调研，尤其在思想教育方面，在和学生的挂钩帮带中，可以更好地给予帮助和指导，学生反映一致较好。

（四）改进与完善课程教学方法

　　教学方法是完成教学任务、实现教学目标和提高教学质量的关键。教无定法，贵在得法。在新时代背景下，高等院校思想政治课教师要尽快地掌握和运用现代化教学手段，充分利用多媒体教学工具在展示图片、视频、文字资料等方面的直观性和生动性，利用和发挥好学生的视、听等感官功能。在现代化教学工具的基础上，创新使用讲授法、案例教学法、讨论法、情景剧教学法和实践教学法，从教学方法的改进和创新上来提高学生课堂的参与度，提高学生分析和解决问题的能力，增强学生的情感体验，实现思想政治教育的效果提升。

1. 课堂教学方法多样化

　　当前，高等院校思想政治课教学方式和方法单一，学生学习兴趣不高，课堂参与性不足，要想改变这样的教学现状，教学方法的改进是关键，课堂教学的方式方法要多样化，要充分发挥学生的主体性作用。首先，要合理利用讲授法。讲授法是一种古老的教学方法，也是当前高等院校思想政治教育最常用的方法，主要是由教师通过自身对知识的理解，用口头语言系统连贯地将知识传授给学生的方法。讲授法过多地强调教师在整个教学过程中的作用，忽视了学生是学习的主体。讲授法具有传授知识量大、教学成本低、系统性强、适用范围广、教师易于掌控等优势。但讲授法不利于发挥学生的主动性，也不利于学生的个性发展，并且在当前的教学中，讲授法因为操作不当走入了"注入式"和"填鸭式"的教学困境中。对于高等院校思想政治课教学来说，不可能完全放弃讲授法。因此，教师要合理地利用讲授法，扬长避短，把握好讲授法的技巧，注重学生的参与性，改变"满堂灌"和"填鸭式"的教学模式。例如，在讲授"孝亲敬长""诚实守信""以礼待人""团结互助""勤劳节俭"等内容时，教师可以让学生分享他们自己的生活中关于这些道德要求的一些做法和谚语。

其次，善用案例教学法。案例教学法是教师根据教学目标和教学内容，选择符合教学内容和教学目标的教学案例来进行教学的一种方法。在教学中引用案例，能够让学生通过对案例的阅读、思考、分析、讨论，提高分析和解决问题的能力，增强情感体验，感悟知识；除此之外，利用案例教学法还可以增强师生之间的双向交流，能够有效避免"单向式"和"填鸭式"的教学模式，是对讲授法不足的有力补充。案例教学法的使用有四个步骤。

第一步，精选案例。要结合教学内容和学情来选择教学案例，案例要具有典型性、针对性、启发性。呈现方式要根据教学需要，尽量多样化，视频、故事、历史事件、生活实际等这些都可以作为案例选择的对象。对于思想政治课教学来说，当地的爱国主义传统、优良道德规范、保护生态环境等方面相关的传统和现实事件，都可以作为思想政治课教学中的案例。

第二步，设疑激趣。结合知识点和案例，设置合理有效的问题，激发学生的学习兴趣，引导学生思考。例如，结合国家利益选取的案例，问题可以这样设置：请同学们结合案例，谈谈在鸦片战争和抗日战争中人们维护了国家的哪些利益？案例中人们为什么要奋不顾身地维护我国的国家利益？国家利益和个人利益之间有什么样的关系呢？

第三步，组织讨论。课堂讨论是案例教学法的中心环节，在组织课堂讨论时，教师要根据班级学生的人数进行分组讨论，要把握好讨论的时间，分配好每个组讨论的任务，管理好课堂讨论的纪律，不能让讨论流于形式，或者成为学生谈论、讨论无关话题的平台，记录好学生的发言以及其他学生的评价观点。

第四步，总结归纳。对学生发表的观点进行分析，及时给予鼓励和肯定，发表自己对案例中问题的看法和观点，并且结合学生的观点，回归教学内容，对案例中所涉及的知识点进行总结。

最后，巧用情景剧。情景剧教学法是教师根据教学内容和教学目标要求，指导学生通过情景剧表演的形式，将所要学习的教学内容以表演的方式展现出来。让学生在自编、自排、自演、自评的过程中学习知识。情景剧教学法相对于其他教学方法而言，具有直观形象、互动性强、感受性强、寓教于乐等特点，它能够激发学生的好奇心。将情景剧教学法运用到高等院校思想政治课堂教学中，可以将一些枯燥的道德说教和晦涩难懂的法律知识以一种直观、有趣、灵活的方式传授给学生，有利于提高学生自主学习能力、创新创造能力、艺术表现能力。同时，也能够提高学生之间的团队意识和团结合作能力。情景剧教学方法一般包括选题编剧、定角排演、课堂展示、总结反思四个步骤，情景剧教学法的使用具有一定的时间限制和章节限制。所以，教师在使用时要坚持间歇性使用的原则，不能滥用。对于理论性的知识很难掌握，这就需要教师用一些更为生动的教学方法来进行教学，情景剧教学法就是一种好的选择。例如，针对一些学生逃课、偷盗、打架斗殴的现象，教师在上思想政治教育课的时候，就可以结合学生的实际情况，编写一个关于高等院校学生因为受到一些不良诱惑，无心学习，经常旷课和逃课，多次之后越发放纵自己，偷东西、打骂同学，因偷窃财物被公安机关拘留，最后发展到抢劫的地步，被法庭以犯抢劫罪判刑的剧情来讲解关于法不可违和预防犯罪的内容。

2. 丰富课外实践教学形式

实践性是高等院校思想政治课程的基本特性。实践教学法是指组织和引导学生参加各种社会实践活动，将理论与实际联系起来，让学生在实践中获取知识，感悟知识，增强情感体验的一种教学手段。国外的公民教育和道德教育都非常强调实践教学法的重要作用，无论是在课内还是课外，他们都开展了丰富多样的实践活动来增强学生的道德体验和情感实践。例如，新加坡、英国、美国都特别强调社区服务的教育作用，并且规定了学生参与社区服务的时间，这样的社会实践活动在一定程度上增强了学生的社会责任感。长期以来，我国的思想政治教育都特别强调理论灌输，忽视社会实践。高等院校的思想政治课当前也面临着过于重视理论灌输而忽视社会实践的现象，以致学生虽然掌握了一定的理论知识，但在面临真实环境和真实问题的时候，却不知道怎么做。

从唯物辩证法中实践和认识的辩证关系来看，实践是认识的来源，是认识发展的动力和检验认识真理性的唯一标准。所以，在教学过程中，既要重视"间接经验"的教育作用,也要重视"直接经验"的教育作用。2021年清明节期间,宁夏固原2000余名师生徒步54公里祭奠英烈的视频爆红网络,这件事得到了广大人民的支持。一位网友评论说道:"这是最好的爱国主义教育,是长征精神的最好传承。"对于高等院校思想政治课教学而言,最好的教育莫过于实践。实践教学法一般包括校内实践和校外实践。

(1) 校内实践

校内社会实践相对校外社会实践来说,开展起来比较安全和方便。为此,教师可以和学校商量,开展一些文化交流活动来丰富校内实践的形式,开展相关主题的演讲比赛、辩论赛、校园文明月活动、校园清洁活动、校园植树活动等方式来辅助思想政治教育课堂教学,增强教学实效。

(2) 校外社会实践

学校和社会都是对人进行教育的基地,大学阶段的学生对社会充满了好奇,他们想融入社会生活,想验证课本中的知识与现实社会生活的差距。所以,在教学时应该让学生走出校门,体验社会生活,满足他们的好奇心,培养他们参与社会生活的能力和责任心,丰富情感体验。校外社会实践的方式有很多,教师可根据实际情况做出选择。一般而言,校外社会实践有以下几种方式。

第一,社会调查。社会调查是人们为了达到一定的目的,有意识地观察、分析、研究社会现象。高等院校思想政治教材有许多的知识点是可以通过社会调查的方式来让学生自己获取的。例如,在开展生命教育的时候,教师就可以让学生以"我们生活中的生命"为主题,让学生去观察生活中每个物种和每个生命个体的独特性;也可以让学生以"我是大自然的一部分"为主题,调查本地区在保护动植物、保护环境方面的成效和不足。

第二,社区服务。社区服务的实践教学方式在国外比较盛行,对培养学生的责任意识起到积极的作用,是值得我们借鉴的。开展社区服务的方式有很多,教师可以带领学生去养老院帮助老人打扫卫生、陪老人聊天、下棋等,也可以带领学生进入小区开展科普知识、健康知识、爱护环境卫生知识的宣传等。

第三,劳动体验。土地滋养和孕育着万物,农民的辛苦劳作为人们提供粮食来源。在当前的教育中,许多学生由于缺乏劳动体验,缺乏乡村生活体验,患上了"自然缺失症",四体不勤,五谷不分。"让田间地头成为滋养学生身体和心灵的新课堂",劳动体验不仅可以让学生获得劳动技能,也可以让学生在劳动过程中体会劳动不易,形成勤俭节约的优良道德品质。

第四,参观教育基地及公益活动场所。爱国主义教育基地、博物馆、动物园、红色旅游景点、民族英雄人物故居、自然景观以及少管所等都是高等院校思想政治教育开展实践教学的物质资源,对高等院校学生进行爱国主义教育、生命教育、生态教育不应该只停留在理论上的说教,而应该让学生在掌握知识的基础上亲身感受和体验。在生态教育上,一些地区的村落景观、自然风貌是不可多得的生态教育资源。

在进行实践体验之后,教师要及时引导学生将所思、所感、所悟进行交流和分享,或者写一份心得体会汇报学习成果。实践教学法在高等院校思想政治教育教学中非常重要,通过实践可以了解事物的表征,探寻事物的本质,将理论知识与现实生活相结合能够帮助和引导学生形成正确的思想观念,克服错误的思想观念。

五、构建家庭良好教育环境

(一)发挥家庭成员的积极影响

在现代的教育中,越来越多的人都认识到了家庭教育对孩子道德教育的重要作用。家庭教育主要是指家庭中父母或其他成年人对孩子的教育过程,良好的家庭教育可以使人受益终身。"养不教,父之过;教不严,师之惰"这是古人流传下来的道理,其强调父母和教师对孩子教育的重要作用。洛克非常重视家长对孩子道德教育的影响,他认为,父母对孩子进行道德教育可以采用说理教育与榜样示范教育、宽严结合、奖惩相宜的教育方式,但最为有效和直接的方式是榜样示范教育。家长只需要将应该做和不应该做的榜样放在显眼的地方,学生自然而然会根据榜样的要求来规范自身的行为。

"家庭是孩子的第一个课堂,父母是孩子的第一个教师。"新时代的家长要给孩子树立榜样，用正确的思想、方法和行动教育和引导孩子，要以小见大，从点滴小事中让孩子欣赏真善美，远离假丑恶。家长在教育过程中要注重动态教育的重要性，要随时、及时做好孩子的教育引导工作。家长的榜样力量对孩子的道德教育更具有持久性和深刻性。虽然一些大学生的家长受教育程度不高，对学生的知识学习无法辅导，但家长是可以对孩子进行正确思想的引导和行为规范的引导，将朴实、善良、遵守规则、礼貌、包容、相互帮助、尊老爱幼、讲究卫生等优秀的传统道德教授给孩子，帮助子女形成良好的道德品质和行为习惯。

可以说，家长以热情的态度面对工作，孩子就肯定会以认真的态度面对学习；家长以真挚的感情处理人际关系，孩子肯定就会以友善的方式对待身边的同学、朋友。同时，家长积极向上的思想行为会对孩子的信仰塑造产生积极的影响。对于"谁（什么）会影响你的人生追求与信仰？"这一问题，很多人都会回答是"父母"和"生活经历"，足以看出家庭成长环境对高等院校学生信仰塑造的重要性。

故而，要从家庭教育层面促进高等院校学生牢固树立共产主义信仰，家庭成员应做到：一是以身作则。家长在处理日常问题时要合法合规，符合道德标准要求，为高等院校学生树立起表率的榜样作用。二是思想积极向上。在家庭环境中，家长的思想决定了家庭发展的方向，家长要牢固树立起对共产主义的信心，要给高等院校学生传递正能量。三是重视与孩子的沟通交流。现今生活节奏快，工作压力大，家长往往忽视与孩子之间的沟通交流，正值青春期的高等院校学生也不愿与家长交流，所以学生的思想问题极易得不到关注。家长要找寻与孩子沟通的新方式，如与孩子交流新鲜事物，才能够更容易走进孩子的内心世界，加强对孩子的教育引导。家庭成员的积极影响，将会让新时代的高等院校学生更易从家庭源头塑造起坚定的共产主义信仰。

此外，家庭思想道德教育的发展应当在继承中华优秀传统文化的基础上传承优秀且经典的家庭教育文化，营造尊重、重视优秀文化的氛围，重视对优秀家庭教育知识的传播。优秀的家风也能够改善社会不良风气，推动社会向好的方面发展。相关的组织机构可以以春节、清明、端午、中秋、国庆等传统节日为载体，以社会主义核心价值观为主旋律，也可以利用国家的教育场所，面向全社会开展宣传教育活动，将理论知识的宣传转化为具体的实践活动,更好地完善社会育人结构,为家校育人提供保障。

(二) 增强教育意识

对于一些家庭的教育来说,家长要改变"读书无用"的观点,尤其是"女孩子读书无用"的思想观念,必须充分认识到学校教育对于下一代命运的改变有多么重要。家长要为孩子以后的发展考虑,不能因为教育而耽搁孩子未来的发展,尤其是对于农村的孩子来说,接受教育可能是他们改变命运的唯一出路,而女孩子只有接受教育,才能真正地享受平等。扎根教育事业的时代楷模张桂梅认为只有读书,学生才能走出大山,才能走出贫穷,并且张老师一直秉持着"一名女生接受教育,可以改变三代人"的信念办免费女高,让丽江贫困山区的女孩子有书读。结合自身和现实的家庭教育情况,笔者赞同张桂梅老师的观点,因为在一个家庭中,母亲与孩子比较亲近,一个有远见有知识的母亲会将自己的远见传递给孩子,让孩子终身受益。因此,对于一些的大学生家长来说,一定要增强对学生的教育意识,树立起"文化摆脱贫穷"的思想。

此外,在我国教育发展进程中,创作了一批优秀的家庭教育书籍。一些文人学者或是祖辈,根据自己家庭教育的实际经验,撰写成"家风家训"传给后代。但是这些都不同程度地带有阶级性、历史局限性,如今家庭教育的继续发展也面临着新挑战。在党和国家的号召下,家庭教育已经逐渐得到了重视,但是仍然缺乏较为科学且适应时代的理论指导。

(三) 积极配合学校

学校和家庭是两个重要的教育者,不仅要在行动上保持一致,向学生提出相同的要求,更要在思想意识方面专注一致,甚至在教育方法、教育策略方面更深入地协作,为学生的全面发展相互沟通、相互交流。有些家长常常把孩子的教育问题推给学校,把孩子送到学校后不管不问。家庭和学校是对孩子进行教育的主阵地,加强学校与家庭的沟通,实现二者的有效互动,这对于引导学生形成正确的世界观、人生观、价值观具有重要的作用。所以,家长要积极配合学校工作,尤其配合好学校劝导子女把握好大学阶段努力学习。

首先家长要积极配合高等院校在课堂、教材、大学生思想等方面积极开展的家庭教育工作,根据学生的特点,采取分阶段的家庭教育方式,将大学生的教育全过程联系起来。在这方面,教师可以向大学生家长讲解一些家教、家风、家训的名言警句或是经典故事,从思想意识方面对大学生家长进行思想道德教育,发挥高等院校思想育人作用,从而达到教育大学生的目的,使其思想符合社会主义社会的发展。

其次,家长应该以社交网络为载体强化和学校的联系。网络已然成为交流的主要手段,网络技能的学习也就自然成为每个人的"必修课"。在网络文化快速发展的时代,各种新型媒介层出不穷。作为积极思考的学生,容易接受新事物。家庭教育与高等院校思想政治教育,不仅要将优秀家风家训学习常态化,而且要重视大众传媒在家庭教育和学校教育过程中的重大价值。家长可以将强大的社交网络作为载体和高校的相关主体进行及时沟通。高等院校也可以从校园广播、校园文化墙、校园主题网站等方面着手进行宣传,起到育人作用。社会可以从源头做起,严格检查作品和节目的质量,使报刊、电视广播、节目等媒体端正态度,传播正能量。如通过网络,我们可以建立典型的校园和社会,引导良好的风尚。在开展思想政治教育的过程中,必须重视树立典型榜样,充分发挥高等院校的作用。充分发挥网络教育的作用,宣传网络典型故事,努力营造学习和争创优秀人物的良好氛围。

(四) 引导树立艰苦奋斗的精神

受计划生育的影响,现阶段每家供养一个孩子的现象最为普遍。另外受中国家庭传统观念的影响,一般家庭都会在孩子接受高等院校期间提供物质金钱帮助,以助孩子顺利完成学业。根据问卷调查显示,高等院校期间学生每月的生活费在1千至2千元的有1392人,超过2千元的有687人,两者合计占调查总人数的89.4%。

根据中国的物价和消费水平,在校园内超过千元的生活费足以满足学生日常正常吃饭、花销、娱乐支出,高等院校学生不会为了生计发愁。很多家庭条件优越者会追求物质享受、奢靡生活,认为学习只是为了获得一份高收入的工作,这不利于对其进行共产主义信仰塑造。为了能使新时代大学生群体理解共产主义信仰的内涵,一是整个家庭要注意不能过分追求物质享受,例如,小家电坏了自己动手修、废物合理利用、节约用水电等。二是正确培养金钱观。父母的钱是父母的钱，不能坐享其成，更要注重纠正金钱至上的观念，不能忽视孩子信仰的形成。三是鼓励孩子在校勤工俭学。新时代的高等院校学生群体，价值观处于萌芽阶段，自尊心强，家庭要积极引导孩子看待勤工俭学问题，可以借鉴国外学生在高等院校期间的家庭教育方式，自己要想获得奖励需要自己争取，让孩子自己通过劳动而获取自己想要的东西。多措并举，帮助新时代高等院校学生群体养成艰苦奋斗的精神，这与现阶段国家所倡导的劳动教育本质上是相一致的，目的就在于更好地使共产主义信仰在其心底生根发芽。

六、国家要加强共产主义信仰塑造

（一）发挥党对共产主义信仰的引领作用

1. 采用合适的理论话语

马克思主义在中国传播与发展已经有百余年的历史。马克思的共产主义理论学说历经中国共产党百年的伟大实践而不断得到丰富完善。面对不同的受众群体，要采用合适的理论话语。

群众路线一直是我们党坚守的优良作风，在不同的历史时期，我们党的目标任务不同，客观分析、实践后总会诞生诸多符合时代发展要求的创新理论，但归根结底一切都是以人民为中心，讲老百姓听得懂的话才是一切理论创新的根本出发点。新时代，要有新气象，习近平总书记在公开场合多次发表如"小康不小康，关键看老乡""鞋子合不合脚，自己穿了才知道"等诸多"接地气"的话语，受到社会各界一致好评。对于新时代高等院校学生群体来说，此类创新的话语体系通俗易懂，更能喜闻乐见、易于接受，受到此类语言的影响，最终将逐渐从心底萌发对共产主义的信仰。

2. 加强对网络环境监管力度

互联网诞生前，报纸、电报、图书、电视机等占据了主要的信息获取渠道；伴随着互联网时代的发展，信息传递方式已发生巨大变化，信息传递可以一秒万里，实现可视化即时通信，获取信息变得容易且渠道丰富，网络成为信息传递的主阵地。新时代的我们正享受着信息化带来的巨大便利，接受着网络信息的直接影响，互联网的推广让人们的生活变得更加便利、快捷，但同时也带来了风险挑战。新时代的高等院校学生群体，好奇心强、接受新鲜事物快，在网络上扮演着重要角色，是一个极大范围的网络受众群体。

近些年来，网络媒体平台飞速发展，微信、微博、抖音等平台如火如荼，成为青年学生群体热衷追逐的信息化平台，但平台监管、风险把控能力参差不齐，虚假信息、不良信息充斥网络，破坏了网络生态环境。党和国家要及时发现网络发展中存在的问题并做出相应反应。一是要制定网络信息平台行业规范，设立言论、图像、音视频内容红线，网络内容审核交由平台依据规范自主完成，同时根据网络运行状况及时增补新规范。二是出台相应法律法规，加大对网络平台和个人的法律约束，涉及国家机密和公开发表的反党、反国家、反人民等过激性言论要及时控制并防止扩大影响，发现违法行为要严厉追究其法律责任，让平台与网络不法分子不敢违法、不能违法、不想违法。三是依据新媒体平台，加大党媒、官媒的受众面，扩大党媒、官媒的影响力，始终确保党媒、官媒在信息传播中的核心地位和舆论主战场。只要三者合并发力，走出一条中国特色治网之道，就能进一步在网络阵地为新时代高等院校学生共产主义信仰塑造提供健康沃土。

3. 营造积极优良的社会氛围

近年来，社会中发生的诸如彭宇案、佛山小悦悦事件等等，一经媒体报道，迅速成为社会热点话题，使民众对社会道德认知产生剧烈冲击。

诚然，社会中的某类现象是普遍反映出一定的社会事实，在社会发展的进程中出现矛盾、问题在所难免，关键在于政府如何有效化解公共道德突发危机事件，提升人们共享、共治、共建和谐社会的信心，为新时代高等院校学生的共产主义信仰塑造提供社会基础。

一是要大力倡导社会主义核心价值观。社会主义核心价值观规定了国家、社会、个人发展的目标和要求，将从道德层面对社会行为起到规范作用。在具体应用中，应切合实际，用核心价值观来禁止或赞扬具体的社会行为，对公众产生约束力或鼓舞力。

二是要坚定文化自信。中华民族血脉赓续的最主要原因之一就是文化得到了继承。在社会中要多举办全民文化活动吸引民众参加，如"一封家书""成语诗词大会"等，同时在新媒体领域要坚持以优秀文化为主脉络运行，营造全民学习文化的环境，从而用优秀文化唤起人们对社会的道德共识。

三是要出台法律法规。社会要保障稳定运行，必须德治与法治相结合。我们应依据我国实际国情，借鉴别国先进经验，健全完善符合我国社会发展要求的法律体系，以保障人民权益、化解人民内部矛盾为重要目的，才能最大限度地凝聚社会共识。德治法治共同发力，才能将社会不正之风驱散，就能将公众的认知偏差纠正回来，引导社会各界积极向上，共同营造优良的社会风气，从而对新时代高等院校学生的共产主义信仰塑造产生积极影响。

（二）优化高等院校共产主义信仰教育的方式

1. 从教师入手

笔者认为首先要提升思想政治课队伍教师水平：一是从师资源头加强培养。对于将来可能成为思想政治理论课教师，如思想政治类专业学生，在校期间要进一步完善培养机制，如量化学习任务、设立经典著作打卡学习、建立个人培养成才档案等等，切实从源头塑造优秀生源、重点关注优秀生源，为将来充实思想政治理论课教师队伍提供重要保证。二是从师资入门严格把关。重点在于教师品行修养和是否具备坚定的共产主义信念，不应单纯只以"帽子"头衔、科研成果作为衡量教师水平高低的标准和引进的条件，忽视对个人品行修养的考察。三是建立长效机制。定期举办提升思想政治理论课教师水平的活动，如思想政治课大练兵、研修班等，将学习活动时长计入考评体系，成为年度任务考核和评定职称的重要依据，打破传统的"唯论文"评审制度。

2. 探索多路径信仰教育创新

在信仰塑造过程中，理论是一切实践开展的前提，所以一方面要将理论知识传递给学生，另一方面要更加注重结合实践内容，因为只有历经实践才能从实践中获得感悟，得到思想的升华，才会最终获得思想与实践的共鸣。理论与实践结合将更加有利于帮助高等院校学生树立坚定的共产主义信仰。

高等院校在确保思想政治理论课教学的同时，要注意多探索思想政治教育新形式，如依托当地的红色文化基地对高等院校学生群体进行定期实践教学、现场教学，开展第二课堂实践活动，切实增强高等院校学生的实践参与欲望，做到实践出真知；要不断优化高等院校授课方式，让学生做到将理论和实践相结合从而转化为对共产主义的真实信仰，而不是陷入教师只为完成课堂教学任务、学生应付考试的恶性循环。

3. 增强学生的组织归属感

高校中的团组织和党组织是增强学生组织归属感的重要部分，尤其是团组织与学生之间的联系更为密切。增强团组织的地位认同和团员自身身份认同，核心问题就在于增强团员的组织归属感，所以应该从以下几个方面入手。

一是提升组织门槛。团组织在发展团员时，不能盲目为扩大成员数量而抱有应收尽收的原则，可参考党员发展条例，充分考察申请人的思想、动机，对于进入高等院校前已入团的群体应该加强教育，结合高等院校表现综合考评，不合格者应给予批评教育、诫勉谈话等，进一步提升团员的身份认同感。

二是丰富组织活动形式。高等院校团组织开展的活动是比较丰富的，但不少学生在面对组织开展的活动时往往力不从心，兴趣不大，而依靠点名、考核等手段让成员强制参加的结果就是团员敷衍了事，最终草草收场。因此，可向学生广泛征求意见，给予学生充分自由权，让学生自主决定举办活动，在自发活动中提升参与感、获得感、组织归属感，信仰塑造才会更加有效。

三是完善组织机制。培养成员不是一蹴而就的，应建立组织的长效机制，可以效仿党员的培养机制，制定符合团员的培养机制，如二级学院团支部定期开团会，让团员听报告、学习原著、学习会议精神等。让团员有组织生活，才能进一步增强基层团组织的号召力、凝聚力，提升团员意识。相信团组织功能的完善和团员自身身份认同的强化会对整个高等院校学生群体共产主义信仰塑造起到关键性作用。

高等院校中的团组织是每个团员的精神家园，起到引领高等院校学生思想、指导实践的重要作用，团员寻求到精神家园给予的力量才能转化为对共产主义信仰的坚定。高等院校团组织要肩负起新时代党赋予其的重要职责，做好学校与高等院校学生之间沟通的桥梁。

(三) 提升个体共产主义信仰塑造主动性

1. 融入社会主义的一些实践

新时代的高等院校学生群体，在共产主义信仰塑造过程中作为受教育的主体，外界营造的教育环境、传递的教育内容都是辅助性形式，关键在于自身要形成对共产主义的信心。所以，高等院校学生群体自身要在广泛接受理论性教育的同时，积极参与社会主义建设，增强主人翁意识，从实践中反思真理，将生动实践转为内生动力。笔者通过分析发现，新时代高等院校学生在高等院校期间普遍认为接受教育就是为了将来更好地工作，并且现在产生奋斗动力的原因是对美好社会的向往，同时希望个人价值会在以后的工作中实现。

现阶段高等院校学生群体参与社会主义建设最直接、最有效的方式便是参与各类社会实践，故而高等院校学生群体要结合自身特点及专业优势，合理安排时间，发挥主观能动性，可以利用周末、假期参加各类志愿者活动、政府见习、农村支教支医支农、调研考察等，通过实践来了解真实的中国而不只局限于书本、电视的报道，通过自身实践准确直观地了解社会发展的真实状况且可在实践中追随自我内心的引导，逐渐形成自己科学的职业观，为日后工作的方向提供参考价值。当高等院校学生用行动自觉践行对马克思主义的信仰，让认识和实践知行合一，就能深刻感受信仰力量，接受精神洗礼，向着社会主义核心价值观所要求的方向前进。

2. 加强共产主义的理论认知

高等院校学生在校期间，其应借助丰富的教学资源，依靠强烈的学习欲望和思想觉悟，深刻领会共产主义信仰的内涵，如上好每一节思想政治课，多参加思想政治类讲座等不可错过的受教育机会，再如借助网络学习，或向老师请教等进一步加深自己的理论修养。信仰的确立与自我教育是分不开的，通过基础的理论学习，尤其是了解和掌握马克思主义在中国的传播发展，辩证地看待以马克思主义为指导的中国共产党团结带领全国各族人民在各个历史阶段所取得的历史成就，运用马克思主义唯物史观来客观看待历史问题，深刻体会共产主义在中国的发展，强化对于共产主义的认识，强化对中国特色社会主义事业的信心，从而形成坚定的共产主义信仰。

第四章　高等院校思想政治教育创新发展

本章对高等院校思想政治教育创新发展进行了分析，主要从"高等院校思想政治教育的新手段""高等院校思想政治教育实践资源创新"这两方面展开，以期为思想政治教育的创新发展提供参考。

第一节　高等院校思想政治教育的新手段

网络上的一些不良思想败坏了社会风气，也严重危害了高等院校学生身心健康。高等院校学生对网络多元文化既充满好奇，又充满迷茫，很容易滋生与国家主流思想相背离的思想情绪。本书在前文也谈到了网络的重要性，在本节的内容中，继续对网络手段的创新进行专门的分析。

一、网络手段的运用

互联网的普及、全球化的进程以及改革开放的深入，世界范围内各种文化和价值观相互交流碰撞，激烈和频繁的文化碰撞也使社会中的文化内容更加多元。各类新媒体的出现改变了文化的传播方式，微博、公众号、短视频等不同文化传播方式都塑造着不同的文化接受形式和文化内容，对高等院校学生的思想、行为和价值观都产生了重要的影响。在实际的教学过程中，义务教育阶段受到升学的压力，学校重点关注学生的成绩与考试分数，在思想政治教育方面依然采用传统方式进行教学，学生难以理解思想教育的实质内容，并且对社会主义核心价值观等内容认同度不高，学校文化环境也体现了成绩中心论。所以在高等院校进行思想教育的工作者需要转变教学观念，意识到思想教育在高等教育阶段的重要性，以学生为中心，充分利用多种教学方式和传播渠道，创新高等院校思想政治教育的手段和载体，优化教学的效果。

（一）构筑防范措施

1. 制定管理措施

高等院校必须制定管理措施，以能够整治监督网络乱象。高等院校在充分肯定互联网重要的传媒作用的同时，也必须清醒地看到，互联网是把"双刃剑"，如果管理和使用不当，很可能成为影响我国政治稳定和社会安定的不利因素。无须讳言，前些年，一些地方网上正能量的传播不尽如人意，网络空间出现许多杂音、噪声，特别是少数"网络大师"，为了吸引众多"粉丝"，扩大网站影响，招来更多广告，为己牟取更多经济利益，不惜以嘲讽、戏谑、解构社会主流价值观为能事，大肆宣扬和鼓吹西方价值观，有意散播负面信息和极端言论；一些人甚至无中生有，造谣传谣，并借助微博裂变式、碎片化传播，使谣言和虚假信息迅速扩散，以讹传讹，混淆视听，从而使网络空间弥漫着一股戾气、邪气，在一定程度上绑架了社会舆论，消解了社会共识，扰乱了社会秩序，败坏了社会风气，也严重危害了高等院校学生身心健康。高等院校学生对此既好奇，又困惑，容易滋生与国家主流思想相背离的思想情绪。

治理网络乱象，要从源头上规范网络空间秩序。无论网上、网下，不管微博、微信、支付宝、朋友圈，都不是"法外之地"。针对新型社交平台的兴起，适时制定相关管理"防火墙"势所必然。高等院校在"微舆论""微传播""微交流"中必须筑起一道有实际意义的防火墙，使高等院校学生不得发布、转载歪曲事实的新闻；保护公民个人隐私；等等。相关部门应该进一步探讨，就校园网络乱象加以整治监督，并制定切合实际的管理措施。

2. 做好网络监督工作

做好监督工作，重在做好线索收集，实现监督零死角。在实际工作中，认真落实信访举报制度，鼓励校园实名举报，严格教师课堂授课责任追究，确保"微传播"整治活动置于师生监督之下。在党委、团委、学生群体建立三级公众平台，设立"微信箱"，通过微信平台接受学生举报，同时要求思想政治工作者在学生寝室入户宣传的同时做好线索收集，努力达成"无缝隙、全覆盖"监督体系，切实解决思想领域可能出现的偏差和实际问题，并紧紧围绕"防火墙"活动总要求，不断探索推进高等院校的政治生态建设。

（二）弘扬主旋律和正能量

网络需要正能量，更需要加强思想建设，以纠正一些学生长期以来被误导、扭曲的价值观，帮助其做出正确的价值判断。在此，高等院校思想政治教育工作者应积极发挥引导作用，熟练运用互联网技术，加强与高等院校学生一起互动，共同筑起网络的蓝天净土。校园网络监管部门更应有效发挥职能，打击网络骗局，为网络的健康发展提供坚强保障。思想政治理论教师对自身言论必须担负起责任，成为健康网络舆论的守卫者。高等院校学生群体也应进一步学会自我判读，莫随意人云亦云，随波逐流，这既是对自己负责，也是对社会负责，对未来负责。弘扬主旋律，传播正能量才能不断加强高等院校的宣传思想工作。

（三）线上线下的合力凝聚

1. 确定战略地位，实施专人负责制

高等院校内部机构在组织安排上对于思想领域的安全管理应该确立战略地位，确定专人负责网络文明传播工作，从各个层面组建网络文明传播志愿者队伍及微信、QQ群，并确定博主责任人和临时应急预案小组，在紧紧围绕"中国梦"的主题背景下构建文明传播资源库，与不文明行动、网络"负因子"积极斗争，在刀光剑影中"甄别""亮剑""出招"，宣扬主题正能量，树立道德模范，传播文明，引领风尚，有效扩大网络精神文明战场的主动权，扩大主流思想的覆盖面和影响力。

2. 注重文化创建，掀起精神文明创建新高潮

注重用"互联网+"发动高等院校学生助推文化创建，不断掀起高等院校学生精神文明创建活动新高潮。深化网上文明社团（班级、寝室）创建活动。采取集中宣传、系列宣传、专题宣传等方式，在网上全方位展示优秀社团的好经验、好做法，全方位展示网络"微"形象，集中在网上宣

传各个社团、班级及寝室文化最新成果,引导高等院校学生见贤思齐,以良好学风净化校园风气,以正向班级建设绘就美丽心情。广泛开展具有微型特色的文化创建活动,运用思想政治教育和团委各类平台,引导高等院校学生恪守社会公德、职业(实习)道德、个人品德,在精神文明创建中以微型能量的积聚取得决定性成果。

(四)建设移动互联网的生态绿地

作为时代的符号,网络的涵养意义体现于和谐的移动互联网的生态绿地。

第一,利用网络社交平台,提高网络文明传播技巧。网络带来高等院校学生交往方式的改变,是精神营养"心育心"的主要媒介。网上交际是高等院校学生人际交往的一种重要方式,由于网络的虚拟性,这种方式去除了互动双方的诸多社会属性,网友可以直接交流思想,使个人有更多的机会表达自己的观点,既可推心置腹,又可任意调侃,没有任何心理负担,缓解了生活中交际的心理压力,扩大了交际面。但客观地说,利用网络平台开展文明传播工作是一项新的课题。跟网络传播发展的大趋势相比,跟意识形态正向交际功能程度来比,高等院校意识形态网络文明传播还远远不够,对利用博客、微博、论坛等平台有效开展文明传播活动的方法、技巧有待进一步提高。

第二,加强引导,切实提高网络文明传播质量。高等院校宣传思想工作的"心育心"精神涵养的本质就是传播网络文明的种子,通过每个高等院校学生心心相遇,引领文明风尚的"连接面"。由于传播网络文明将会成为全社会的主流,也必将对网络的发展产生巨大影响,因此要传播网络文明,让生活更美好,共建和谐网络,需要高等院校意识形态的主体共同传递正能量来完成。网络文明的管理者、参与者要充当好引导员的角色,按照网络文明传播的特点,结合网络的特点,加强传播网络文明的引导。在参与"心育心"的网络"立交桥"中,使各种言论和活动都在规范之列。同时需要切实提高高等院校网络文明传播的质量,如对校园广播等传播平台的纵向宣传。这既是改进和创新精神文明建设工作的迫切要求,也是创建思想领域"心育心"工作的必要指向。

（五）新媒体融入教育路径

2021年5月，中共中央办公厅印发的《关于在全社会开展党史、新中国史、改革开放史、社会主义发展史宣传教育的通知》中强调，要组织好青年学生的"四史"学习教育活动，用好网络平台，发挥融媒体优势[1]。高等院校是培养社会主义建设者和接班人的摇篮，在全面推进高等院校思想政治工作高质量发展的背景下，思想政治教育必须作为高等院校工作的重要内容。加强高等院校思想政治教育，能帮助高等院校学生树立正确的历史观和政治观，感悟社会主义道路的正确性、制度的优越性、理论的创新性，并通过思想政治学习做到明理、增信、崇德和力行，培育为实现中华民族伟大复兴贡献智慧的新时代爱国主义青年。

2021年2月，CNNIC发布的第47次《中国互联网络发展状况统计报告》显示，截至2020年12月，我国网民规模达9.89亿，互联网普及率达70.4%[2]，当代高等院校学生作为网络"原住民"，其价值理念、行为方式等深受网络影响，以网络技术应用为核心特征的新媒体在思想引领、舆论引导、新闻宣传等方面发挥重要作用。因此，高等院校研究如何利用新媒体开展思想政治教育十分必要。

关于新媒体与高等院校思想政治教育的研究成果主要集中于从内涵、关系、载体等角度阐释新媒体环境下其对高等院校思想政治教育的作用与影响等方面。而关于思想政治的研究成果，主要围绕思想政治与习近平新时代中国特色社会主义思想的契合性，思想政治教育融入高等院校理论课教学的逻辑、时代价值、难点、问题、方法与路径，思想政治所蕴含的精神实质等内容展开。因此，高等院校如何运用新媒体提升其在思想政治教育中的传播力、引导力、影响力和公信力，推动思想政治教育高质量、内涵式发展，这需要其不断思考与探索。

1. 新媒体融入的问题

信息化时代下，高等院校必须充分发挥新媒体在思想政治教育中的功能，这样才能让思想政治教育达到春风化雨、润物无声的育人之效。然

---

[1] 中共中央办公厅.《关于在全社会开展党史、新中国史、改革开放史、社会主义发展史宣传教育的通知》. 2021年5月.

[2] 第47次《中国互联网发展状况统计报告》发布[J]. 新闻世界, 2021(03): 96.

而，新媒体要真正融入高等院校思想政治教育全程之中，还面临着如下问题。

(1) 主体意识欠缺，专业能力不强

首先，高等院校新媒体运营队伍多为技术类人员，其虽具有较为专业的新媒体平台运营管理技能，但思想政治意识较为薄弱；而从事思想政治教育的思想政治工作队伍主要包括党政部门人员、思想政治理论课教师、辅导员和班主任，他们具有较高的政治觉悟和思想政治素养，但运用新媒体的意识有所欠缺。其次，高等院校新媒体运营队伍的思想政治教育能力不强，而高等院校思想政治教育工作队伍运用新媒体的能力也不强，两者未能有效协同、取长补短。最后，高等院校学生的思想政治教育学习意识不强，缺乏学习积极性和主动性。辅导员作为与学生联系最多的一线教师，由于其专业多元化，缺少相关专题培训，思想政治教育能力和新媒体使用能力参差不齐，尚未形成全员育人的"大思政"格局。

(2) 信息良莠不齐，内容形式单调

信息化时代下，新媒体具有交互、个性、即时、共享、海量以及社群等特点。首先，新媒体的"去中心化"在丰富"四史"教育内容的同时，也造成网络内容庞杂，信息质量良莠不齐，甚至有些媒体平台为了"吸粉"、增加浏览量，发布虚假信息或乱发网络谣言。

其次，高等院校利用新媒体开展思想政治教育宣传主要采取"图片+文字"的形式，如通过学校官网、微信公众号、官方微博等进行推送，或者以讲座、课堂教学、电影等方式进行思想政治教育。其内容单调乏味，对学生吸引力较低，加之教育者单向给学生传输知识，教师主导话语权，学生互动参与度低，育人实效差。

(3) 教育环境欠佳，机制体制不健全

一是新媒体融入高等院校思想政治教育的制度环境尚未形成体系。高等院校运用新媒体开展思想政治教育的要求分散在各类文件之中，没有发布专门的文件指导学校各部门如何利用新媒体开展思想政治教育，且高等院校仅仅简单下发中央的有关政策文件，并没有根据学校实际情况提出细化方案，从而导致相关政策落实不到位。

二是新媒体融入高等院校思想政治教育的组织环境协同性不高。高等院校新媒体运营管理职能机构与高等院校思想政治教育组织机构，只是简单的思想政治内容发布者和思想政治内容供给者的关系，两者独立运行，缺乏深度合作，没有形成统一的组织管理机构，导致新媒体融入思想政治教育的内容与形式陈旧，缺少创新性。

三是新媒体融入高等院校思想政治教育的文化环境有待深化。尽管新媒体在高等院校教学中应用较为广泛，但许多年龄偏大的教师仍不习惯使用新媒体进行教学。同时，年轻教师在思想政治方面的知识储备不足，政治素养不高。再加之，学生习惯于使用新媒体浏览娱乐八卦、影视剧等，对思想政治学习意识不强，缺乏历史思维。

四是新媒体融入高等院校思想政治教育的技术环境亟待改善。高等院校的信息化基础设施建设地域差距大，这与高等院校财政水平息息相关。中西部高等院校普遍存在资金不足、人才技术缺失等问题，极大地影响了新媒体技术、系统和平台的配置率。此外，部分高等院校新媒体平台的系统相互独立、兼容性差和集成度低，导致重复建设、资源浪费，没有形成新媒体生态矩阵，以致其"四史"教育效果不佳。

2. 新媒体融入的可行性

新媒体环境下，高等院校思想政治教育在教育内容、教育平台、教育目标、教育理念和教育能力等方面都发生了巨大变化。发挥新媒体在思想政治教育中的作用，符合新时代思想政治教育改革创新的要求。

（1）主体可行性

新媒体融入高等院校思想政治教育的主体大致分为两类：一是高等院校新媒体运营队伍；二是从事思想政治教育的思想政治工作队伍。前者主要包括参与学校、院系、班级、社团等组织机构的"两微一端一抖"宣传平台的管理、运营、维护的个人、团体或组织；后者主要包括党政学团部门及领导干部、思想政治理论课教师、辅导员和班主任等

高等院校新媒体运营与高等院校思想政治教育主体的目标相同，两者都具有鲜明的政治属性，旨在培养政治立场坚定、德才兼备的新时代高等院校学生。高等院校新媒体运营与思想政治教育主体的教育内容交叉契合。高等院校新媒体宣传的重要内容之一就是党的最新理论、政策和方针，其目的是筑牢高等院校思想阵地。思想政治教育作为当前高等院校教育工作的重点之一，是高等院校贯彻落实党中央有关精神，增强思想政治教育时代性的重要抓手。

(2) 资源可行性

新媒体融入高等院校思想政治教育的资源分为平台资源和教育资源。平台资源是指以网络媒体、手机媒体和数字电视媒体等为传播媒介的高等院校新媒体平台。教育资源是指高等院校思想政治教育资源相关的文字、图片、录音、影像等资料。

高等院校新媒体平台与传统媒体相得益彰，并且高等院校基本形成以网络媒体、手机媒体和数字电视媒体为主要载体的传播平台，但报纸、杂志等传统媒体仍发挥重要作用。依托新媒体平台，高等院校的门户网站、官方微信公众号、微博、抖音、今日校园、易班等新媒体平台构成的传播生态矩阵初显规模，极大地拓宽了高等院校思想政治教育的渠道。高等院校思想政治教育资源包括实物资源和网络数字化资源，并且新媒体技术可以将实物资源转化为数字资源。另外，思想政治资源分布广泛、类型多样、内涵丰富，包括高等院校的校史馆、革命先烈纪念馆、博物馆等地方的馆藏资料，以及与思想政治相关的影视剧、舞台剧、著作等文化资源。

(3) 环境可行性

新媒体融入高等院校思想政治教育的环境是指新媒体在高等院校思想政治教育过程中产生作用的影响因素的集合，包括制度环境、组织环境、文化环境和技术环境。其中，制度环境是指运用新媒体开展与思想政治教育有关的正式规则和非正式规则的总和。组织环境是指运用新媒体进行思想政治教育信息生产、加工、传递、使用和监督的各级组织机构的总称。文化环境是指对运用新媒体进行思想政治教育的看法、态度和行为习惯的总称。技术环境是指运用新媒体对与思想政治教育相关的文字、图片、声音、影像等各种信息进行获取、加工、存储、传输与使用的技术之和。

首先，新媒体融入高等院校思想政治教育的制度环境正在逐渐形成。相关部门已经出台了一系列政策文件，如《关于加快构建高校思想政治工作体系的意见》强调，要"加强网络育人"。《高校思想政治工作质量提升工程实施纲要》也指出，"要切实构建网络育人质量提升体系"。其次，新媒体融入高等院校思想政治教育的组织环境初步形成。由高等院校党委宣传部、新媒体中心、易班工作室等组成的高等院校新媒体管理机构和院校两级的"两微一端一抖"运营团队初步形成了较为系统的高等院校新媒体组织架构，以及由各级党委、团委、马院等部门及其下属职工构成的高等院校思想政治教育组织架构已经成熟。再次，新媒体逐步融入高等院校思想政治教育的文化环境。在新冠肺炎疫情影响下，"线上+线下"的混合式教学已经成为高等院校教学管理的常态，高等院校教师对新媒体的认可度显著提高。以思想政治教育为主题的经典诵读、知识竞答、主题征文、专题推送等活动纷纷开展，全国高等院校掀起思想政治学习的热潮。最后，新媒体融入高等院校思想政治教育的技术环境正在持续改善。高等院校各部门通过自主研发、外包等方式，将大数据、云计算、移动互联网等信息技术融入高等院校新媒体平台的建设之中，如门户网站、微信公众号、官方微博、抖音公众号、今日校园、易班等。

3. 新媒体融入的实现路径

2016年，习近平总书记在全国高校思想政治工作会议上提出，"要运用新媒体新技术使工作活起来，推动思想政治工作传统优势同信息技术高度融合"[1]。高等院校以新媒体助力高等院校思想政治教育高质量发展，可从以下几个方面着手。

（1）培育思想政治教育队伍，促进主体协同

首先，高等院校要转变新媒体环境下的育人工作理念。高等院校要树立"以新媒体育时代新人"的教育理念，思想政治工作队伍要提升媒介素养，新媒体运营队伍要持续提升思想政治素养。

其次，针对思想政治工作队伍不熟悉新媒体技术，而新媒体运营队伍又缺少思想政治经验的问题，高等院校要推进思想政治工作队伍与新媒体运营队伍的深度协同，通过成立联合工作小组，并分别派驻专家组定期开展思想政治和新媒体培训交流会，来提高思想政治工作队伍的新媒体技能和新媒体运营队伍的思想政治能力。另外，高等院校要围绕思想政治挖掘思想政治元素，并将新媒体融入其中，改变思想政治内容与新媒体嵌入缺乏新意的局面。

再次，高等院校要开展辅导员新媒体素养培训，鼓励辅导员积极进行新媒体教育实践。另外，高等院校要积极发挥新媒体学生团队的榜样力量和意见领袖作用，激发学生学习思想政治的积极性。

最后，高等院校要形成党委领导，党（团）组织、宣传等部门参与，

---

[1] 习近平. 全国高校思想政治工作会议上的讲话[N]. 人民日报，2016-12-09（01）.

并调动学生（研究生）会、学生社团等群体共同参加的思想政治教育主体协同体系。

(2) 丰富思想政治教育内容，创新传播途径

首先，高等院校要整合思想政治教育资源与新媒体资源，形成育人合力。具体来说，思想政治教育要坚持马克思主义新闻观，秉承"内容为王"的理念，严格审查内容，将习近平新时代中国特色社会主义思想贯穿思想政治教育全过程，并进一步强化社会主义核心价值观、网络道德观、媒介文化观等对学生思想价值观念的引导，将思想政治中的重大事件、重要会议、重要文件、重要人物等内容，通过新媒体以多样化的方式呈现，如热播的《觉醒年代》、全国高等院校学生"同上思想政治大课"、"思想政治"知识问答等。

其次，高等院校要利用微博、微信公众号、抖音、B站、学习强国、易班、今日校园等高等院校学生常用的新媒体平台，形成多平台、全方位的思想政治传播矩阵。高等院校要设计满足碎片化阅读需求的内容，多以短视频的形式大力宣传思想政治知识，搭建师生间的交流互动平台，改变单向知识传授的模式，充分掌握网络舆论主动权和话语权，占领思想政治教育阵地的制高点。

(3) 优化思想政治教育环境，构建生态体系

首先，新媒体融入高等院校思想政治教育的制度包括新媒体平台运营管理的政策，以及高等院校思想政治教育的管理措施。其中，新媒体运营管理的政策涉及信息发布、信息传播、信息监管等方面，国家有关部门应出台针对新媒体环境下思想政治教育规范的法律法规，同时要发布思想政治教育的指导纲要，为高等院校思想政治教育提供政策导向。

其次，高等院校要建立新媒体与思想政治教育的联合办事机构或委员会，由校领导牵头，实行跨组织挂职交流学习，改变部门间"条块分割"的状态，建立扁平化的新媒体思想政治中心，进一步加强院系、社团新媒体中心的合作交流，形成良性互动的组织生态。再次，高等院校要持续强化思想政治教育的宣传，通过新媒体平台用师生喜闻乐见的形式展示思想政治知识，激发全员学思想政治的热情。另外，高等院校可以举办信息化教学技能竞赛和开办网络素养培训班，进一步强化教师的信息化教学意识。最后，高等院校要组织新媒体平台的建设，引入大数据、云计算、物

联网和区块链等信息技术，开发思想政治教育管理信息系统，借助微博、微信公众号、易班、"中国高等院校学生在线"等新媒体平台，形成全方位、立体化的思想政治教育传播生态矩阵，最终形成以制度为引领、组织为依托、文化为动力、技术为保障的高等院校思想政治新媒体生态系统。

信息化时代下，新媒体已经深深地融入各行各业之中，其在教育领域的应用，也掀起了教学方式改革的浪潮，新冠肺炎疫情防控常态化使得"线上"教学模式变得普及。在思想政治教育作为高等院校工作重要组成部分的情况下，高等院校充分发挥新媒体在思想政治教育中的作用，能极大地提升思想政治教育的效果，让高等院校学生鉴古知今、学史明智，批判历史虚无主义，成为合格的中国特色社会主义建设者和接班人。

二、重视实践活动创新

实践活动教学近年来逐渐受到学者们和一线政治教师的重点关注，作为高等院校思想政治课教学的一种教学方式，既是顺应时代发展进行的有效尝试和客观选择，也是培育新时代优质创新型人才的教学手段。因此，高等院校思想政治课教师要认真思考、努力研究如何更好更有效地在高等院校思想政治课堂教学中推进实践活动教学，推动我国高等院校思想政治教学模式改革创新。而笔者作为思想政治教育中的一分子，也会在本书中继续致力于实践活动创新教学的实践与理论研究，在具体实践中以更新教育理念和研读课标为专业前提，关注思想政治教育的总结升华。本书在这里以"辩论"活动的开展为例来说一说实践活动教学对于学生思想政治教育的重要意义以及活动开展的要点。

（一）实践活动开展的意义

实践活动在高等院校思想政治教育中的应用是为了达到锻炼学生思维、强化价值引领、内化升华素养、落实立德树人的一种教学方式。具体而言，实践活动教学有利于培养学生的思维、切实强化价值引领以及培育学生的思想政治学科核心素养，从学生的思维、情感态度价值观以及素养的渐进性养成层面落实我国教育"立德树人"总目标，达成知识澄清与价值澄清的目的效果，努力培养学生的思维，引领正确价值导向，努力完成培育学科核心素养的任务。虽然这些对策不够完善不够成熟，但如若能依此付诸实际行动，合理有效地结合教学实际实施，那么实践活动在高等院校思想政治教学中运用成效当有所提升，能够为高等院校学生综合素质的提高和我国思想政治教育的建设做出贡献。

1. 培养学生的思维能力

实践活动对于学生的思维发展是十分有利的，比如"辩论会"活动的开展对于学生辩证思维能力的发展具有非常重要的意义。所谓辩证思维，就是反映客观现实的辩证关系，自觉不自觉地按照辩证法去进行思维。开展"辩论会"这一实践活动，既有助于他们形成正确价值取向和道德定力，同时也能提高学生的辩证思维能力。可见，辩证思维作为一种高阶的思维，是高等院校学生培育科学精神必不可少却又必然在培育上有一定难度的思维能力。具备这一思维之后，学生可以理性、辩证地看待不同观点，从感性具体上升为理性认识的最高阶段。结合"辩论会"活动教学的过程，可以充分感受到辩证思维在高等院校思想政治课堂中绽放的绚烂色彩。首先，教师精心设置了具有思辨性、争议性的辩论问题，为学生辩证思维的培养提供了契机；其次，学生在围绕具有价值冲突的观点展开对话时，需要辩证、理性地看待多元化的观点，在教师的引导提示下避免感情用事，在不知不觉中学生就会养成全面看待问题的辩证思维习惯并在多次锻炼中形成常态；最后，高等院校思想政治"辩论会"活动教学强调教师的思维引导和思想引领，学生在教师的引导下做出理性判断，在反思中走出思维误区，形成正确的世界观、人生观和价值观，让辩证思维的果实落地在立德树人育人目标的实现上。

2. 切实强化价值引领

习近平总书记在全国教育大会上强调"培养德智体美劳全面发展的社会主义建设者和接班人"。要回答好、解决好"培养什么人、怎样培养人、为谁培养人"这一根本问题，必须凸显价值引领的作用。高等院校思想政治课是德育性与价值引领性相统一的课程。

在当今信息化的环境下，学生可以接收到四面八方的信息，直面各类社会思潮的影响，而高等院校学生正处于价值观形成的关键时期，切实强化价值引领是高等院校思想政治课教学的必然要求。高等院校思想政治课"辩论会"活动教学通过学生和基于不同观点的异质同伴辩驳讨论，在比较、鉴别中提高认识、明辨是非,解决学生的价值倾向问题,引导学生做出正确的价值判断和价值选择,进而帮助学生树立正确的世界观、人生观和价值观。

3. 培育思想政治学科核心素养

思想政治课要牢牢贯彻立德树人根本任务来实现本学科的学科育人价值,而思想政治学科核心素养正是思想政治学科育人价值的集中体现,主要包括政治认同、科学精神、法治意识和公共参与。

首先,教师作为学生成长的引路人,为了促进每一位学生的学科核心素养得到全面的培育与发展,教师要在高等院校思想政治实践教学实施当中充当"脚手架"的作用,给予学生较大程度的自由,引导学生步入开放的、灵活的学习路径。特别是在"辩论会"活动的开展过程中,通过适辩性的问题和真实复杂的情境充分调动学生,鼓励学生多方位多角度的思考,帮助学生在对话辩论的过程中比较、鉴别和反思,在亲历自主辨识和分析后促进自我实现和创造,让每一位学生都能在民主、宽松和包容的学习氛围中成为思想政治学科核心素养塑造的主动学习者和积极探索者。

其次,学生在活动情境性资料中引发情感共鸣,从感性认识上认同并坚定中国特色社会主义道路,从中具备政治认同素养。比如说,在"辩论会"活动中,学生在比较鉴别中学会运用马克思主义基本立场、观点和方法看待问题、分析问题和解决问题,提高辩证思维能力,并能够提出具有正确价值取向和道德定力的方案,从中获得科学精神素养;学生在"辩论"会活动的小组合作讨论中,在遵循小组规则及履行自身组员职能的基础上培育集体主义精神,在对话异质同伴的过程中提高对话协商、沟通合作、表达诉求和解决问题的能力,在深入体验生活情境中增强担当社会责任的实践行为表现,从中生成公共参与素养。

(二)高等院校思想政治课中的实施过程

下面,本书以"辩论会"活动为例,来谈一谈实践活动开展的过程。

1. 实施进程安排

(1)前期准备阶段

根据的教育目标分类理论,将人的认知领域上的目标分为六个类别,从低到高的层次分别是记忆、理解、应用、分析、评价和创造。

前期的准备阶段主要是让学生对于辩论有个初步的了解以及适应，首先在课堂中让学生对一些问题进行判断，通过回忆、比较，实现"记忆"到"理解"的教育目标层次；其次在课堂中选择一些与思想政治内容相关的辩论话题与学生的讨论相结合，让学生在面对一些简单情境时学会分析以及评价观点的对与错，实现更高层次的教育目标，即"应用""分析"以及"评价"。

（2）重点研究阶段

这一阶段是实施辩论式教学手段具体操作环节的重点研究阶段。在前期准备的基础上，让学生学会辩证地看待事物、学会独立思考、学会表达自己的观点以及学会和他人讨论后，便正式实行辩论式教学手段的操作环节，在学生面对复杂情境时将教育目标推向"创造"阶段。在结束后还可以统一向学生发放问卷以及学生访谈提纲，收集数据，分析辩论式教学手段在高等院校思想政治课中的应用对于学生自身和学习情况等带来了什么改变，有哪些优势或出现了哪些问题，思考这些问题背后的原因，寻找解决问题的措施，为将来辩论式教学手段更好地在高等院校思想政治教育中的实施提供真实客观的数据和经验。

2. 具体操作环节

辩论式教学手段在思想政治课程当中目前运用得并不普遍，笔者考虑到它在课堂中的运用价值，在查阅相关文献资料后，根据辩论式教学手段的理论依据和特点以及学者们在各学科的实践研究，结合思想政治教育的特点以及实习、任教情况，构建了辩论式教学手段的一整套具体流程上，用于未来的教学实践。

（1）创设冲突情境

创设冲突情境作为辩论式教学手段应用于思想政治教学的基础，其创设的目的是通过外部刺激来揭示学生认知结构内部观念之间的矛盾，发现认知差异之后经过不断分析、思考，使学生内部观念摇摆的天平倒向优势等级的一方。换句话来说就是让学生真实地处于一种两难的情境下，在这种切身的体验中才能激发学生去思考、分析如何做出利大于弊的价值判断和价值选择，强调的是身临其"境"，让学生主动地参与其中，因此创设冲突情境作为切入点尤为重要。其次，问题的挑选是以情境为前提并围绕着该问题是否有适辩价值、存在价值冲突，以及处在学生"最近发展区"

能够引发学生的深入思考、提高辩证思维能力而展开的。所以，必须以情境为切入点展示适辩问题，而问题的设置主要有以下几种类型。

一方面，根据辩论结果是否唯一性可划分为问题求解型和分析论证型。问题求解型是指能够最终得出统一结论的，有明确答案的。如以"白板笔一定会代替粉笔吗？"为辩论问题，在不同观点的碰撞中得出肯定的结论。而分析论证型是教师鼓励学生多从不同的角度和层面分析问题，培养理论联系实际的多方面发散思维，目的是通过开放性的问题启发和锻炼思维能力。

另一方面，根据辩论目标侧重性不同可划分为知识澄清型和价值澄清型。知识澄清型是指学生对于某一知识点不清晰或容易与其他知识点混淆，通过辩论的形式厘清其本质，也就是能够把握二者之间的联系、辨别二者之间的差异，分析混淆的原因。如对传统文化和当代文化、民族文化和外来文化等容易混淆的概念内容准确辨识。价值澄清型则是针对价值两难的情况，讨论各自坚持何种价值取向，在正确的价值引领下应该做出怎样的行为选择，如"中华文化唯有秉持民族特色，才能在世界产生更为深远的影响吗？"针对文化创新靠的是"对传统文化的继承"和"对外来文化的借鉴"这两种观点，学生可以分为几类阵营表达自己的立场。

（2）组织自主讨论

在教师给出情境、抛出问题之后，教师和学生在这一阶段分别充当组织引导者和讨论者，在这一阶段要有效掌控导向性与开放性的关系，取向"求同"的同时尊重"存异"。

教师既要鼓励学生基于自身的经验、素材，从不同的视角出发发表各自的见解，尊重学生的不同意见，倾听不同的声音，又不能抛弃基本立场和共同标准，引导学生做出正确的价值判断和价值选择。

取向求同或存异，都需要教师合理地引导。辩论式教学手段的运用中教师的导向性主要体现在：一是价值的引导。高等院校思想政治教育的育人主旨是积极地引领学生认同、践行社会主义核心价值观等。在学生发表见解的过程中，可能会出现偏离教师预设达成的价值观念，这个时候教师如果不对学生进行适时的引导，学生并不会意识到自己想法的错误，如果任由其观念在学生心中生根发芽，便会失去育人的意义。教师要学会运用马克思主义的基本立场、社会主义核心价值观引导学生学会辨别真善美和假恶丑。二是方法的引导。教师首先要为学生接下来的独立探索和自主讨论提供方向，例如让学生理解与之相关的基本概念和理论，介绍与之相类似的过程，提前明确讨论的规则，要求每个小组都要选出一位组长、一位监督员记录员，以及告知讨论的时间和形式。三是引导的限度。教师的引导并不是全程毫无计划地在学生需要时就发挥自身的指导作用，这会让学生不费力思考就能得到帮助，而且还不利于激发学生独立探索的精神。因此，教师的指导应是合理有序、适时适量地对学生进行引导，在刚开始学生未能进入状态时帮助得多一些，以后逐渐减少，辅助学生逐渐熟练和加深理解后，慢慢撤去引导的"脚手架"，最后使学生独立地对信息进行整合、分析，形成解决问题的思路，再指导学生之后的学习和行为。

学生的自主讨论既是在教师的引导下进行，同时又是具有开放性的。辩论式教学手段的运用过程中学生讨论的开放性主要体现在：根据教材内容的要求，不是所有知识点都需要学生从理论上掌握其内涵，如果单纯靠学生死记硬背知识点，学生一方面很难提起对学习的兴趣，另一方面也不利于自主解决问题和达到对意义的构建。因此，开放性的讨论更有利于学生创造性地提出解决方案。开放性讨论应注意以下三点：一是注意时间的控制，避免讨论时间过长容易造成话题的偏离；二是注意对小组成员的控制，尽量让每位成员都参与讨论，人数在4人左右较为适宜；三是对话题的控制，当有离题或冗长的发言出现时，需要组织者及时将话题拉回正轨。

(3) 对话异质同伴

著名教育家叶澜教授曾指出，教学的本质意义是交往与对话。辩论式教学手段强调营造一种对立冲突的教学情境，不管是在范例情境中，还是在课堂情境中，有不同观点的碰撞，就有利于激发学生的思维火花，更有助于生成以求同存异为核心的理性认识。"异质"同伴，在合作学习的异质同构理论中指的是具有不同学习基础、性格特点和兴趣爱好的差异化明显的"异质"组合，通过相互帮助与协同发展来拓展知识广度和拓宽解决问题的渠道。但在高等院校思想政治教育中辩论式手段中的"异质"同伴是基于建构主义理论中希望加强小组内以及小组之间的沟通与辩论，在具有不同观点的同伴之间发现思维或认知的差异，在这种碰撞之中，激发思维火花，学生对问题的认识将变得更为深刻。因此，和"异质"同伴的对话就是在独立思考形成自己的观点之后，与不同的观点进行对话与辩论，在质疑对方观点时对方会试图不断提出新的论据巩固自己的观点，在倾听的过程中双方会反思修正自己的观点，使原来多种意见相互矛盾或者态度纷呈复杂的局面变得明朗起来，让真理越辩越明，让参与对话的学生和倾听这场对话的学生共享这场思维碰撞的成果，在不知不觉中对问题有了更深入、全面的理解。

一场有成效的对话必须切实把握过程与结论的关系，一方面要在自主、合作和探究的过程中，给予学生充分独立思考和相互对话的时间和空间，鼓励学生基于正确的价值观念表达，有助于顺利得出积极的结论；另一方面要引导学生分析比较彼此观念的差异，有助于全面深刻地认识问题，达成一定的共识。因此，对话必须建立在尊重倾听的基础上。"对话的实质是一种基于各方独立见解的平等的沟通与分享"，学生之间存在的对话关系应是尊重、信任、谦虚、批判、合作和共同进步的，学会虚心倾听对方的观点，并且相信对方也有能力、有创造力，不随意打断对方的讲话，学会从对方的观点中汲取营养，也能够从中发现问题提出质疑，这样双方才能够共同进步。因此教师应教会学生善于倾听他人的发言，选择在恰当的时机发表自己的观点教会学生不要被自己的情绪所左右，其次在课堂秩序被扰乱时教师要及时出来用言语提示或身体动作暗示，为学生的对话环节营造一个热度适宜、民主平等的辩论环境。

（4）做出理性判断

学生通过对话环节所呈现的观点及理由陈述进行比较及思考，已经可以发现哪种观点更具合理性，哪些观点可以求同存异、达成共识，做出最后理性的判断，继而在小结梳理的过程中反思自身观点的缺陷之处，并及时校正自己的观点，做出正确的行为选择。由于在整个辩论活动中，冲突性的情境呈现、不同观点之间的博弈、头脑风暴的思维活动以及蕴含在活动中最重要的知识与价值观的汲取，以上这些一次性地摆在学生面前时，如果不进行及时且系统的小结梳理，会导致学生难以吸收消化，前面的环节仅仅是将课堂变得热烈起来，忽略了辩论式教学本来的目标，从而无法内化升华为相应的学科核心素养。因此，辩论式教学的小结梳理环节是不可或缺的。

辩论式教学手段运用过程中的小结梳理环节要注意遵守两个原则，一是系统性原则，二是反思性原则。系统性原则指依托教学内容，结合辩论活动过程，从点到面、从局部到整体对教学知识进行回顾，注重学科知识的体系性与连贯性，才能使学生学习到的知识"全面"而不"孤立"，"深刻"而不"单薄"。反思性原则是指，课堂小结如同一面镜子，教师通过课内知识、课外材料等的总结和延伸，做到情与理的相融，知与行的统一，促使学生在不断的反思中认识自己的成长历程。

(5) 多元评价效果

与传统的学科知识为核心的单一课堂评价方式不同，高等院校思想政治教育中辩论式活动着重评估的是学生解决复杂情境化问题的过程和结果时外显出来的思维转变与行为表现特征，教师以此给出客观性、指导性和发展性的评价。简单来说，也就是对学生在具体学科任务中所体现的学科知识、思维、能力等要素进行多元化评价，使教学效果更加出彩。

高等院校思想政治课辩论式教学的课堂评价应达到"以评促学、以评促长"。因此，教师对学生的评价必须具备客观性、指导性和发展性等特性。评价应是客观性的，一味地赞美、夸赞会让学生盲目自信，难以取得真正的进步；评价应是指导性的，对学生的评价不应在一开始就做出结论，而是随着每个阶段学生行为表现及其态度的变化，评价也应随之变化，在不断的反馈中螺旋式地向上发展。

(三) 实践活动教学改进策略

1. 教师方面的改进

(1) 更新理念

教师更新理念，坚持思想政治课教学方向与辩论式教学实践相结合。教师应具备先进科学的教育理念，为教师专业的行为做理性的支点。在学校思想政治理论课教师座谈会上，习近平总书记明确提出了着力推动思想政治理论课改革创新，就要深刻把握"八个统一"，为新时代思想政治理论课的高质量教学指明方向[①]。在这样的教学方向下，思想政治课教师的教育理念应是与时俱进的，必须深刻领会座谈会精神及其理论内涵，坚持

---

① 颜晓峰，孙兰英，栾淳钰，等. 办好思政课关键在教师——学习贯彻习近平总书记在学校思想政治理论课教师座谈会上重要讲话 [J]. 天津大学学报（社会科学版），2019，21（03）：193-201.

思想政治课基本遵循与辩论式教学实践相结合,理论联系实践、指导实践,为教师创新高等院校思想政治课方式方法注入时代活力。

首先,思想政治课发挥正确的政治导向和进行透彻的学理分析。如果将二者割裂,只强调思想政治课的政治性,就会导致导向的固定化与标签化,思想政治课将成为上级政策的"传话筒",无法真正地说服学生;只强调思想政治课的学理性,则导致所谓的"学术中立",没有一个共同标准作为导向引领,更不用谈坚定、认同政治信念。因此,辩论式教学在此理论导向下也应坚持对中国特色社会主义的政治信仰和价值认同,以此为开展辩论活动的主基调;在学科理论知识的讲解过程中,要经得起学生的质疑与追问,用透彻的马克思主义基本观点、自洽的逻辑回应学生的疑惑,赢得学生的信服。

其次,思想政治课要坚持知识性与价值性相统一。知识是价值观的载体,价值观是知识的精髓所在。如果只强调思想政治课的知识性,没有积极的价值引领就无法滋养学生正确的世界观、人生观和价值观;如果只强调思想政治课的价值性,没有知识作为载体支撑,思想政治课就会沦为空洞无味的说教。因此,教师在运用辩论式教学时必须基于学科知识完成传道、授业、解惑的任务,为学生构建知识体系,与此同时该课程教学也必须牢牢把握培育社会主义核心价值观的意识形态主线,凸显价值引领的意义,这是我们开展辩论式教学的本质追求。

再次,思想政治课要坚持建设性与批判性相统一,正如毛泽东同志所说的"不破不立"。"破"在思想政治课中指的是学会辨别意识形态中的错误观点和思潮,旗帜鲜明地进行批判;"立"在思想政治课中指的是不回避错误思潮和观点的出现,用马克思主义指导学生与其做斗争,促进社会往积极的方向发展,做社会的建设者。

最后,思想政治课要坚持理论性与实践性相统一,用科学理论培养人,用实践活动检验人。如果思想政治课重理论轻实践,理论就会变成"空论",就算学生拥有"鸿鹄之志",不做实践者、奋斗者都是"假大空";如果思想政治课重实践轻理论,没有科学的理论武装头脑,只看事情表面不做深入分析,也就难以指导学生把握正确的实践方向。

(2) 明确活动的本质要求

"活动型学科课程"的提出是如今的热点和亮点话题,引起了不少教师以"活动型学科课程"为重要抓手进行探索与实践,由此有力改变过去基于知识的死记硬背与应试教育的思想政治课堂。但是只有正确地理解活动型学科课程,掌握其要求,才能在创新教学方式的过程中保持正确的方向。因此,作为教师专业发展和素养提升的策略之一,教师必须回归到思想政治教学的要求上来,明确辩论式教学作为活动型学科课程开展的本质要求。

第一,辩论式教学的呈现方式应采取课内与课外相结合。要将思想政治小课堂的思维活动与社会大课堂的实践活动结合起来,改变过去活动与学科内容相分离的情况,寓学科知识于活动开展的过程中。辩论式教学手段的呈现方式也应采取课内与课外相结合的形式,发动学生在课堂外主动去实地调研、采访或是在网络上搜集社会中真实的材料,充分整理后运用到课堂中的辩论活动中,作为独立思考、自主辩论、相互讨论的理论依据,从而丰富辩论式教学的活动形式。

第二,辩论式教学的活动设计应承载结构化的学科内容。教学内容解决的是学生"辩什么",辩论活动的设计解决的是学生"如何辩",将这两者融合在一起,教师必须对应结构化的知识内容统筹相关理论知识,然后提供序列化的活动设计,并贯穿于整个教学活动中。学科内容的结构化总的来说就是将知识与知识之间按照一定的逻辑关系相互联系起来,使其条理化和系统化。思想政治学科知识的结构化不仅要从纵向把握教材逻辑来构建整本教材前后的知识网络,更要从横向上用思想政治课大中小一体化的眼光建构知识的衔接。

第三,辩论式教学的评价方式既要关注过程又不能忽视结论。辩论式教学的评价方式既要关注过程又不能忽视结论,这是由活动型学科课程的开放性决定的。辩论式教学的教学过程中,学生参与辩论活动过程中每个阶段的行为表现和能力水平都需要评价,例如:是否勇于表达自己的看法,评价学生的语言表达能力;是否认真倾听、尊重他人的观点,评价学生与他人的交际能力;是否清晰并有逻辑性地证明自己的观点、是否对辩论的主体和内容具有全面深刻的认识,评价学生的辩证思维能力;是否能反思自己活动过程中的表现并做出正确的价值判断和价值选择,评价学生的判断能力与参与能力；等等。同时结合学生的学习成果，对过程和结果中学生的表现进行全面客观的评价。

2. 注意问题设计策略

在高等院校思想政治课辩论式教学中，辩论活动的开展是围绕辩论问题而展开的，在这一过程中，辩论问题的选取是辩论式教学关键的一步，更是激发学生积极主动参与的思维起点。因此，在辩论式教学的活动设计的过程中，辩论问题的选取与设计需要遵循以下四点原则。

（1）辩论问题需具备针对性

辩论问题的针对性指的是：所选取的问题既要针对学科理论知识，服务于思想政治学科教学任务和学科核心素养的培育，即实现学科知识、学科任务与学科核心素养的统一，又要针对学生的认知特点和水平、体现学生的"最近发展区"。一方面，辩论问题如果没有以学科知识作为基础，没有与教学内容高度关联，辩论问题就不能充分服务于教学，那么所要辩论的问题将变得毫无意义，成为无本之木、无源之水。因此应当以教学内容和学科任务为基础来设置辩论问题，体现教学重点、难点，教会学生运用学科知识、学科思维解释和解决问题。另一方面，教师提出的辩论问题既不是靠学生自己的能力就能轻而易举得出答案，也不是超出学生能力范围而无法作答的，而是针对学生的"最近发展区"设计的能够通过思考、对话与合作探究得出答案的问题。其应是学生自己解决不了的两难问题和价值难题，或是学生感受时代发展过程中出现的新情况、新问题，以及最贴近学生生活环境的、能够给予直接启发意义的社会争端问题。

（2）辩论问题需具备思辨性

思辨性问题是指需要学生全面理性分析与辩证思考从而激发学生思维活动的问题。首先，需要学生全面理性分析是因为思辨性问题结论的得出不是学生感性层面的产物，而是需要学生发动已有经验、联系个人与社会和国家的关系，全面、理性地看待问题，激发学生思维的发散性；其次，需要学生辩证思考是直接指向"辩论与评价"的学科任务类别，需要引导学生运用马克思主义的唯物辩证法，对两种不同观点进行辨别、分析，在对话中层层推进，权衡个中利弊，促进学生思维的深度思考。最后，思辨性的问题很难一个人独立完成，必须有同伴的帮助与启发，因此从中能够锻炼学生与同伴交往合作的能力以及接纳整合的能力。由此可以得出，辩论问题的设置必须具有思辨性，才能解放学生的思维。

(3) 辩论问题需具备开放性

一方面，辩论问题必然要有开放性，不应局限于教材中的某个知识难题，更应向社会的道德层面和价值领域开放，学生置身于社会浪潮中更能清晰地把握主流价值方向。另一方面，辩论问题的设计要具有开放性，能够促使学生从不同角度去看问题，不局限于一种观念，允许、包容多种看法的存在，发散学生的思维，寻找多种方法和途径解决问题。

(4) 辩论问题需具备思想性

上文提到辩论问题是开放的，但并不是漫无边际的开放，必须是以认同基本观点为前提的，以保证辩论式教学的方向。特别是辩论问题被放在整个教学过程中最为突出显眼的位置，学生围绕问题进行活动，辩论问题表面所呈现的观点或是背后所蕴含的深意将被放大化地接受学生的审视与琢磨，因此，辩论问题的思想性必须是旗帜鲜明的、不容置疑的。例如，教师如果给学生展示"中国共产党能不能""马克思主义行不行""中国特色社会主义好不好"之类的问题，虽然问题表面上没有对其否定，但是所传递出来的信息是对中国共产党、马克思主义以及中国特色社会主义产生了质疑，才会将问题放在课堂上进行讨论。

要特别注意的是，思想政治课是一门传递主流意识形态的课程，是国家牢牢掌握意识形态的主阵地，核心思想必须旗帜鲜明，不得有丝毫含糊。所以学生应该理直气壮地讨论"中国共产党为什么能""马克思主义为什么行""中国特色社会主义为什么好"之类的问题，这样既能帮助学生确立正确的思想方向，还能在辩论过程中以严谨的学理分析使学生更加拥护中国共产党的领导，加深政治认同。

(四) 实践活动教学组织引导

确立了开放性、思想性的辩论问题后，需要引导学生高效有序地参与到辩论活动中去。为了确保辩论活动顺利开展，教师首先应该提高组织调控能力，包括指导学生参与辩论的方法以及教师指导辩论的应变能力；同时还要营造民主讨论氛围，兼顾多元表达方式，为学生创造多边互动的辩论环境，鼓励学生产生多元的表达方式，提升辩论式教学的效果。

1. 有效指导学生参与

（1）激发学生的自我管理能力

辩论式教学中的学生自主管理是在教师有的放矢的指导下，学生能够在学习过程中自己拿定主意，有效管理自己的学习过程，提高辨析活动的效率。要实现高层次的自我实现的需要，需要充分激发人的潜能，依靠人内在动力的驱动和自我意识的觉醒，最终实现自我实现的学习。要想解决学生在辩论活动中的"假热闹"和无序的局面，需要教师指导学生进行自我决策、自我监督和自我调控，相比教师采取强制性的管理措施，这种方式能取得事半功倍的效果。因此，第一要给学生明确和详细的导学清单，明白自己"要做什么"。导学清单是课前准备活动中学生自主学习和自主探究的方案，导学清单的使用可以有效改变学生被动接受知识的状态，从"无目的的接受"到"有目的的参与"，从而提高学生参与感，大大增加课堂效率。如果学生课前没有完成导学清单安排的任务而留到课上去做，既浪费了自己宝贵的时间，也会扰乱教学秩序，活动效率与质量都会受到影响。第二要落实小组分工，明白自己"该怎么做"。例如教师可以在课前活动设计环节与各小组组长商讨采取何种他们倾向的辩论形式和方案，动员组内成员各司其职，督促小组活动的进行、协调对话中的矛盾冲突，为实现既定目标提高保障。只有将学生"要做什么"和"该怎么做"将这两个问题弄清楚，才能真正激发学生作为活动的"主人"的责任感、参与感和自我管理能力，辩论式教学的组织环节才能有效落实。

（2）指导学生参与辩论的方法

任何一种知识的获取，离不开方法的掌握。组织辩论式教学时，应紧扣辩论主题和方向，指导学生参与辩论的具体方法。教学有法、教无定法，用于辩论式教学的常见方法有讨论法、课堂辩论法、角色扮演法等。一是讨论法。学生就同一辩论问题所产生的相左的观点畅所欲言，教师引导学生表达或倾听，从思维观念的交锋中引发共鸣，或者激发出更加鲜明有创造力的观点，渐渐地形成健康的是非观念，提高道德批判能力，能够有理有据地对自己观点进行辩护，或接受他人思想观点从而达成共识。二是课堂辩论法。指的是在教学过程中，教师通过提出某一具体事实中比较具有争议性而且具有辩论价值的命题，引导学生进行思考和辩论，在活跃课堂参与氛围的同时也增强学生识别问题、分析问题的能力。因为辩题的争议性，学生容易掺杂许多个人的情绪和胜负欲，希望最终观点倒向自己的这一边，而背离初始目的进行无意义的纠缠和攻击，出现学生间的误解。为了课堂的有效性与和谐度，教师应当教会学生准确地表达自己的观点，且确定倾听的学生是否完整准确地理解发言学生的观点，提高学生的准确表达能力和认真倾听能力。

（3）提高教师指导辩论的应变能力

首先，教师在教学中要学会深度观察每位学生的表情和神态，要在教学突发情况发生时做出正确的判断，辨识和分析事件的起因和性质，及时地调整应答措施和教学设计，做出合理的教学安排，防止因时间或者事件管理不当而出现的一些矛盾和问题。

2. 鼓励学生加强表达方式

（1）创造多边互动的辩论环境

教师在讲台上讲课，学生之间没有自由的交谈也没有热烈的讨论，难免会形成沉闷单调的氛围，不利于辩论活动的展开。要营造民主融洽的讨论氛围，教师应创造条件，使学生由单向个体转化为多边的互动组合，鼓励学生尽可能地参与讨论。教师可以通过控制桌椅的摆放来扩大交流对象范围，最理想的方式是圆桌形或椭圆形的课桌摆放模式，多边意见的交换也更加有助于学生之间的相互倾听，摆脱以自我为中心的思维倾向。

（2）鼓励多元的表达方式

由于学生个体性格和智力的差异，学生所倾向的表达方式也有所不同。辩论式教学鼓励学生学会在表达和亲身感悟的过程中激发创造力，在与异质同伴的对话中形成新思考，但是并不意味着只允许"口语"的表达与对话，因为目前我国高等院校班级人数一般都在 40~50 人，甚至更多，一节课的时间里让所有的学生都站起来表达自己的观点显然是不可能的。因此，为了让学生都能够主动表达看法和探究成果，可以鼓励学生自主选择口头、书面、绘画、图表等多种方式，对同一观察事物从多个角度进行表达。口头表达不是唯一的表达方式，多感官的参与更能够引导学生进入深层次的思维活动，从而提升学生整体的素养。

（五）实践活动教学的总结升华

实践教学手段的总结升华策略包括两个层面，一是对知识的总结，二是对情感价值的升华。具体而言,包括:梳理由不同观点构成的知识脉络,构建相关知识体系;促进情感升华,引领价值导向。从以上两个层面对实践活动教学进行总结和升华,能获得显著的教学效果。

1. 梳理相关知识体系

以辩论式教学的小结梳理环节为例,可以帮助学生更全面系统地对知识点进行梳理,把自身在辩论过程中的思考、构成"参照系"的相关知识的定义描述以及所倡导的主流理论结合起来,将感性认识上升为理性认识从而促成理论的内化。因此,教师和学生都可作为小结的主体对知识脉络进行多种形式和方法的梳理和小结。

(1)小结内容系统化

知识以零散的状态呈现在学生的头脑中,所以,教师要保证小结内容的系统化以及促成学生的知识网络连接,必须以系统的观点对知识点进行小结。第一,对于知识点要从整体的角度去认识,不能孤立地、局部地脱离所要辩论的主题,只有立足整体学生才能将零碎的知识点放入系统性的外在框架中认识,加强学生对知识的整体把握;第二,要明确知识点与知识点之间的关系,理清内部结构关系,对内部结构进行优化排列组合,例如哪些知识点是从某些角度出发,哪些知识点又是从另一角度出发,调整好内部结构才能实现整体的最佳功能;第三,要掌握知识点之间的层次性,特别是将重难点作为着重解决的关键点,引起学生的重视,促进教学目标的达成。辩论活动的收尾必须是系统的、有序的,才能达到"活动内容课程化"的学科内容的有机整合。

(2)小结主体动态化

高等院校思想政治课辩论式教学手段的运用是预设与生成的统一,面多复杂多变的课堂教学情况,在进行课堂小结时可以根据实际情况灵活调整小结主体,不必拘泥于教学设计时预设的模式。辩论小结的主体可以是教师,也可以是学生。例如本来设计的是在活动快结束时让学生自主小结,提高学生的总结归纳能力,但是在辩论过程中学生讨论得异常激烈,需要利用活动小结的这段时间将课堂冷却下来便于学生静静思考与总结,这时候的活动小结主导权就应交给教师,在控制活动氛围的情况下帮助学生理清思路,进行知识点的总结和归纳。更重要的是教师在小结时可以尽可能地保持活动前后的一致性,使小结和导入呈现首尾呼应的状态,有利于展示知识结构体系本身，使活动前呼后应、一脉相承。

(3) 小结形式多样化

一个优质的辩论式教学手段的运用，除了精心设计的辩论活动作为"猪肚"，还不能忽视精彩的小结作为令人回味无穷的"凤尾"。目前在高等院校思想政治课中，不管是新教师还是老教师都存在的一个问题，即忽略了小结的作用，经常在活动的最后部分草草了事，或是课堂小结千篇一律。所以教师在课堂小结的设计上多下功夫、多花心思，以多样化的方式呈现，如画图法、口语表达法、设疑练习法、序号概括法，等等。如果所剩时间比较充裕，教师大可鼓励学生放声表达，充分调动学生各种感官，动手、动口、动眼、动脑，锻炼学生的归纳概括能力和自我表达能力，达到"活动虽终，但趣犹存"的境界。

2. 促进情感升华

情感升华是辩论式活动导向所在，侧重于对学生情感和价值观的培育和提升，是学生在经历真实复杂情境以及基于辩论问题的争议性对话后，能够在教师的情感升华中产生情感层面的感悟与体会，达成价值引领这一辩论目标。简而言之，要想获得情感升华的前提是学生具备"获得感"。获得感是一个关涉"获得"和"感"有机叠加的过程。一方面，主体的积极"获取"激发对物的有用性的认可，另一方面，物的价值"感"的确认又激发主体的深度获取。"获得"是"感"的基本前提，"感"是"获得"后的情感升华，学生要在辩论式教学中寻求获得感，促成情感升华和价值的引领，其前提是学生在辩论的实践过程中真切地认可本课程的有用性，才能从知识维度的获得转接到意识形态的形成，产生积极的情感认同，其内在生成逻辑为：满足期待—心理共情—有效对话—意义共享。接下来从这四个逻辑维度谈谈如何促成辩论式教学的情感升华与价值引领。

(1) 关注学生期待，满足利益需求

教师在高等院校思想政治课辩论式教学中要关注学生的两大期待，一是教育活动对个体成长的价值和意义，二是在教育活动过程中给学生带来的愉悦程度。教师创设的两难情境得以激发学生对未知领域的期待，随后学生通过辩论澄清模糊认识，消除认知上的误解，获得对辩论活动的认知认同，才能诱发后续的情感体验。在辩论的对话环节，学生双方在平等分享观点的过程中、在教师鼓励性与指导性并存的评价中，民主和谐的氛围所带来的愉悦情绪进一步刺激认同，满足辩论活动受众的利益需求，作为情感升华的生成起点。

(2) 营造师生氛围，形成共情机制

师生良好的共情是促进情感升华的成长点。共情一般来说是指参与者以心理位置互换方式体验对方的精神世界，借助相应的技巧将自己的体验与感悟准确传导给对方，以引导对方的自我表达、自我探索，从而建立双方良好关系，达成有效互动。辩论式教学中要构建师生有效沟通的共情机制，教师应认真倾听学生在面对不同观点时的见解或疑惑，在理解学生反馈信息的基础上，站在学生的立场上体验、共情，得以迅速地调整好自身的引导技巧，将社会主流意识形态和价值观传导给学生，以求进一步启发学生的表达与探索，形成良性共情机制的循环。

(3) 促进对话自省，加深理论认同

有效的交流对话有利于促进价值观念入脑入心。在开展辩论活动的对话异质同伴环节中，从相异对话语言的两两交互互动，激发立体课堂中每一位同学的思维运动。学生的思维碰撞活动是对比各自观点、分析比较异同的过程，同时也是不断自省的过程，有助于促进学生对辩论内容的消化吸收，加深理论理解，强化获得感。当然，对话应在平等、尊重、倾听、和谐的情感氛围中进行，有效对话是辩论式教学情感升华的关键。

(4) 完成意义共享，落实价值引领

在经过以上一系列的坦诚相见、有效交流、情感共情与升华后，最终落脚点落在实现有效的价值引领上。从辩论式教学的互动过程来看，由一开始学生的组内自主讨论，再到组与组之间观点的交流感知，到最后形成一定的共识，做出理性地判断，在这样一个学生群体共同学习、相互促进的辩论式教学的系统里，最终梳理总结出既符合中国特色社会主义主流意识形态，又贴近学生生活、符合学生实际的一套价值观念和行为指南。学生只有经历如此过程后，才能呈现获得感的最终形态，即情感的升华和有效的价值引领，从而内化于心、外化于行。

三、提升辅导员职业素养

高等院校辅导员职业素养的提升虽迫在眉睫，但也不可能一蹴而就，需要运用整体、系统的思维，深谋远虑，深入地认识和把握职业素养提升的问题，才能取得真正的成功。高等院校辅导员职业素养的提升过程贯穿其职业生涯发展的全过程，涉及高等院校辅导员的准入、培训、培养、晋升、发展等环节。

（一）辅导员队伍职业素养提升原则

在提升高等院校辅导员职业素养时，应该遵循以下四条原则。

1. 强调"政治"属性

从高等院校辅导员的概念来看，强调其"政治"属性；从高等院校辅导员的主要工作职责来看，进行思想理论教育和价值引领，强调的是"政治"要求；从高等院校人才培养的目标来看，培养又红又专的社会主义人才，强调的是"政治"本色。无论是对高等院校辅导个体而言，还是对大学生个体而言，高等院校辅导员都需要具有浓厚的"政治"色彩。

高等院校辅导员职业素养的提升坚持政治第一原则，这不仅是党和政府对高等院校辅导员的要求，而且也是高等院校辅导员完成工作职责和培养合格人才的要求。

2. 将学生作为立足点

高等院校辅导员职业素养的提升坚持以人为本的原则，就是要在提升他们的职业素养的进程中把自身和大学生个体两者的利益作为根本立足点和出发点。这是高等院校辅导员职业发展与专业成长的根本要求和内在诉求，也是培养又红又专、德才兼备、全面发展的大学生的迫切需要和现实需求。

高等院校辅导员起着内生动力的作用。必须在坚持政治第一原则的基础之上，发挥高等院校辅导员主观能动性。这是因为在专业素养提升的过程中有不少的困难和挫折，只有发挥高等院校辅导员的主观能动性，才能促使其持久保持意志坚强、干劲十足的精神状态，积极投身提升自身职业素养的实践行动中。

高等院校辅导员职业素养的提升一方面是为了更好地促进辅导员的职业发展，另一方面就是为了完成立德树人的根本任务，把大学生培养成为社会主义建设需要的人才。坚持以人为本的原则，要求在提升高等院校辅导员职业素养的过程中，不仅是要从高等院校辅导员的发展需要出发，而且也要从大学生的成长规律,满足大学生发展需要的角度出发。

3. 不断的实践修习

从高等院校辅导员职业素养的科学内涵和结构模型分析来看,这种职业素养作为一种深层次的综合共同体,它是一种具有综合性的最主要、最关键的共同素养,既可教可学,又无声无形,只有在自身专业素养的基础上,通过不断的实践修习才得以形成和发展。它与高等院校辅导员的自身素养水平、工作履历状况、教育培训经历等各个要素关联紧密。

高等院校辅导员职业素养提升要坚持实践锻炼的原则,就是在提升他们的职业素养的过程中要以实实在在的实践行动为基础,一切从实际出发,理论联系实际,从而不断优化和完善提升的措施和体系。

高等院校辅导员的职业素养提升是一个持续变化发展的动态体系,不可能一蹴而就,需要日积月累、持之以恒、久久为功。但也应看到,当前社会经济发展日新月异,国际竞争异常激烈,世界形势复杂多变,社会思潮激烈碰撞,文化交流异常频繁、形式多样,迫切需要提升高校辅导员的职业素养,以培养适合时代发展的具有核心竞争力的大学生。

4. 坚持系统性的提升

高等院校辅导员职业素养是包括职业意识、职业道德、职业知识、职业能力四个维度的综合共同体。在高等院校辅导员职业素养的提升过程中,如果只提升职业知识,不谈提升职业意识,那么其提升过程就像缺失雷达的飞机迷失方向;如果只提升职业能力,不谈提升职业道德,那么其提升过程就像强兵失帅一样兵败如山倒。不能只选其一或者二,要把握每一维度之间的关系和联系。

坚持系统提升原则,就是在提升这一群体职业素养的过程中,始终要对这个综合共同体进行全面、系统的提升,贯穿高等院校辅导员职业素养的各大维度之中、高等院校辅导员发展的全过程中,注重发挥整体、合力作用。

(二)辅导员队伍职业素养提升途径

对高等院校辅导员职业素养进行提升不是某一方面的努力即可,它需要多方联动,共同发力,久久为功。

1. 提升辅导员的政治素养

职业意识体现的是党和政府对高等院校辅导员角色定位的本质要求，是高等院校辅导员的工作职责和发展要求，是大学生发展和成长的现实需要。要提升高等院校辅导员职业素养，遵循政治第一原则、以人为本原则、实践锻炼原则、系统提升原则，首要是提高高等院校辅导员职业意识的政治站位。

（1）党和政府更为具体的指引

提升辅导员的政治素养，需要党和政府更为具体的指引，树立政治意识的鲜明旗帜。党中央、国务院历来重视高等院校思想政治工作，先后出台了一系列的重要政策、文件和意见，这些政策、文件和意见有效加强了高等院校辅导员队伍建设，也促进了高等院校辅导员职业素养的提升，但在提高辅导员专业素养方面仍有上升的空间，需要党和政府更为具体的指引，以使辅导员树立正确的职业意识，旗帜鲜明地做好新时代意识形态工作。

首先，高等院校辅导员如何坚定爱党拥党、爱国情怀的信念，坚持不懈传播马克思主义理论，坚持把握意识形态话语权和主动权，需要党和政府在政策、文件和意见等方面有更为具体的指引，助力高等院校辅导员政治意识的提高。

其次，需要加大对既有文件意见的执行力度。党中央、国务院要成立专项工作小组，对既有文件意见的落实情况进行检查和督查，保证党中央国务院的政策得以贯彻实施，能在基层真正落地生根，促进习近平总书记重要讲话精神和各项文件意见有效落实。

最后，党和政府在制定高等院校辅导员选聘、培养、晋升等条件和标准时，应当把"政治意识"的要求始终摆在首位。加强对高等院校辅导员政治敏锐性、政治鉴别力、"三观"以及国家情怀的考察，突出高等院校辅导员政治方向、政治立场和党性修养的教育锤炼。

（2）社会环境持续改善

提升辅导员的政治素养，需要社会环境的持续改善，凝聚政治意识的磅礴力量。社会环境是影响高等院校辅导员职业素养提升的重要因素和外在动力。社会环境的持续改善必然能促进高等院校辅导员职业素养的提升。辅导员作为大学生的思想导师和知心朋友，他们的一言一行都是其自身的政治觉悟和价值观念的体现，辅导员以自己的言行教育学生，影响社会。反之，社会环境的持续改善，将为强化政治意识凝聚磅礴力量。

第一，需要加强社会舆论的正面引导。面对新媒体和自媒体蓬勃发展的新形势，正确的舆论有利于高等院校辅导员开展思想政治教育工作。

第二，需要进一步净化网络空间环境。利用网络推进高等院校思想政治教育，与西方的不良思潮做斗争，提供大量的、丰富的、正确的、健康的信息。

(3) 高等院校的聚焦

在提升高等院校辅导员职业素养的过程中，需要高等院校聚焦辅导员队伍政治建设，提高他们政治意识的应然高度。

第一，需要进一步强化高等院校辅导员的"主业意识"。高等院校必须强调高等院校辅导员的角色定位应该为政治辅导员，坚持政治本色，提高政治站位，而不应该过度强调辅导员类似"保姆""消防员"等事务性管理角色。在日常的工作中，高等院校应该侧重对高等院校辅导员意识形态安全、政治觉悟、价值观念等方面的培训培养，实现思想政治教育的"又红又专"。

第二，需要进一步加强高等院校辅导员的党性教育和锻炼。高等院校要为辅导员搭建加强党性锻炼的平台，创造加强党性锻炼的机会，提升辅导员的政治理论水平，建立长效激励机制，大力选树典型，从而让辅导员更好地完成各项工作任务。

第三，需要不断提高辅导员的政治理论水平。高等院校要坚决贯彻党的理论路线方针政策，把高等院校辅导员政治理论水平的高低作为他们考核、晋升、淘汰、退出的重要条件。

(4) 辅导员个人不懈的努力

政治意识是否强烈是检验高等院校辅导员政治本色的根本标志。在提升高等院校辅导员职业素养的过程中，需要辅导员个人不懈努力，坚持其政治意识的先进本色。

第一，高等院校辅导员要做到不忘初心，牢记使命，坚持政治本色。高等院校辅导员深处思想政治教育工作的第一线，是学生成长成才的引路人和圆梦者，需要保持政治定力。

第二，高等院校辅导员要坚定理想信念，提高自我认同。高等院校辅导员作为学生工作的一线人员，直接面对大学生群体，与大学生接触最为频繁，联系最为紧密，其职业素养对大学生具有重要的影响。正所谓：学为人师，行为示范。辅导员在日常工作中虽然千头万绪，但是只要理想信念坚定，就能自觉增强育人的责任感和荣誉感，实现自己的人生梦想和价值，为国家培养又红又专的人才。

2. 注重辅导员的内涵

在高等院校辅导员职业素养的结构模型中，可以发现职业道德是辅导员职业素养的重要组成部分，它是辅导员修身立业、价值追求和工作态度的集中体现，是这一群体可持续发展和大学生健康成长的重要条件，要提升辅导员职业素养，在遵循政治第一、以人为本、实践锻炼、系统提升等原则的基础上，加强辅导员职业道德的内涵建设显得尤为重要和关键。

（1）党和国家大力弘扬高尚师德

加强辅导员职业道德的内涵建设，需要党和国家建章立制，继续大力弘扬高尚师德。作为思想政治教育工作者，作为"人之模范"，高等院校辅导员就应德才兼备，以德为先。从国家层面来说，加强辅导员职业道德的内涵建设，需要建章立制，继续大力弘扬高尚师德，提升高等院校辅导员的"职业道德"素养。

第一，需要党和国家健全高等院校辅导员师德建设长效机制，推动师德建设常态化长效化。创新师德教育，完善师德规范，引导广大高等院校辅导员在自身发展、工作实践和学习研究中，做到育人为本、为人师表、爱岗敬业，做学生成长成才和健康成长指导者、引路人。

第二，需要大力推进高等院校辅导员师德师风建设工程。发掘师德典型、开展年度人物评选，宣传优秀辅导员先进事迹，加强引领，注重感召，弘扬楷模，引导高等院校辅导员成为具有积极乐观、勇于担当、严谨认真等品质的思想政治教育者。

第三，需要构建高等院校辅导员师德师风评价体系。评价辅导员队伍职业素养的重要标准应该是师德师风。在国家层面，对高等院校辅导员师德师风的评价，既要有严格制度规定，也要有日常监察督导，细化师德考评，体现奖优罚劣，引导高等院校辅导员在日常工作实践中做到知行统一、诚实守信、公平公正。

(2) 营造良好社会氛围

加强辅导员职业道德的内涵建设，需要社会尊师重教，营造良好社会氛围。职业道德蕴含公民道德教育的主要内容，是高等院校辅导员的职业素养之一。尊师重教社会氛围的营造，有助于强化辅导员的职业道德。

第一，需要大力营造尊师重教和尊重人才的社会氛围，提高高等院校辅导员的职业自豪感。电视、报刊、网络、新媒体等媒体要广泛宣传全国高等院校辅导员年度感动人物和高等院校优秀辅导员先进典型，特别是在每年教师节前夕，要开辟高等院校辅导员专栏专窗，集中宣传和展示等，在全社会营造和形成尊师重教、尊重人才的舆论氛围及社会环境。

第二，需要大力弘扬社会正能量。积极传播高等院校辅导员正能量，指引社会各界深刻了解高等院校辅导员在教书育人、立德树人中的重要作用。同时，也为高等院校辅导员在应对社会多元价值观的冲击与挑战时，能保持定力，坚持正确的处事原则和职业操守提供正能量支持。

(3) 高等院校加强教育引导

加强辅导员职业道德的内涵建设，需要高等院校加大师德建设力度，加强教育引导。在新时代倡导的"四有教师"的要求中，"道德情操"位列其中。高等院校辅导员作为高等院校思想政治工作队伍的重要组成部分，其职业道德素养尤为关键，高等院校需要加大辅导员师德建设力度，加强教育和引导。

第一，需要加强辅导员的师德教育。高等院校要以培育和践行社会主义核心价值观为主要内容，组织开展师德师风讲座、师德演讲比赛、模范教师公开课，要求辅导员参与三下乡支教志愿服务活动，增强他们的事业心和使命感。习近平总书记曾指出：德是首要、是方向。"德行"是高等院校辅导员职业素养中职业道德维度的核心和实质。

第二，需要构建辅导员师德建设的监督机制。高等院校可以运用构建多方监督来调控辅导员的师德行为，促使辅导员能自觉地履行师德义务。其中，多方监督机制可以包括由学校相关部门、二级学院、学生等共同参与的师德监督主体，根据相关法律法规，运用数字化和信息化等渠道，对高等院校辅导员进行监督。强化辅导员队伍在职业操守、道德修养和品格态度等方面的责任和义务，促使师德建设的监督科学化、制度化、常态化。

第三，需要建立和完善辅导员师德建设的评价与激励机制。通过建立合理的评价考核和激励机制，采取舆论引导与奖励相结合以及物质奖励与精神奖励相结合的方式，把对辅导员的道德要求规范化，把师德先进个人评选制度化，以激发辅导员的职业责任感和使命感。

第四，需要倡导互助友爱，营造和谐工作环境。在高等院校从业人员中倡导互助友爱，团结和谐，逐步形成彼此关爱、彼此尊重和彼此珍惜的互助氛围，让互助友爱、团结和谐成为校园中各个层面的共识，从而营造出团结奋进、和谐统一的良好氛围，使高等院校辅导员能安心做好本职工作，专注于不断提升自身职业道德素养。

(4) 辅导员自身以德立身

加强辅导员职业道德的内涵建设，需要高等院校辅导员以德立身、以德立学、以德施教，锻造高尚的道德情操。因此，在日常思想教育和管理工作中，高等院校辅导员要以德立身、以德立学、以德施教，锻造高尚的道德情操。

第一，高等院校辅导员要爱岗敬业，积极乐观。正所谓：十年树木，百年树人。高等院校辅导员的爱岗敬业精神和积极乐观的态度能使得其发自内心地热爱教育事业，坚持育人为本，时刻铭记教书育人的使命。

第二，高等院校辅导员要知行统一，为人师表。辅导员的职业道德，对大学生的道德修养和道德行为产生熏染和启迪，是大学生认识社会、对待他人的参照标准。高等院校辅导员必须树立良好的自我形象，依靠崇高的道德境界和力量，在工作和生活中做到以德立身、以德立学、为人师表，并注重身先示范，以德施教。

第三，高等院校辅导员要诚实守信、公平公正。"诚信"和"公正"也是高等院校辅导员的道德要求之一。这要求高等院校辅导员在日常工作中要做到诚以立身、信以致远、以理服人、以情感人、走入学生心底，做学生的知心朋友。

第四，高等院校辅导员要严以律己，勇于担当。高等院校辅导员应该时刻以优秀辅导员为榜样，严格要求自己，正视自己，剖析自己，将各项要求内化于心。

3. 辅导员能力与知识水平提升

基于辅导员职业素养的结构模型看来，高等院校辅导员职业能力是这一群体完成立德树人根本任务的关键能力，是这一群体工作内容的本质需要，集中反映了这一群体的职责所在，是高等院校辅导员和大学生职业发展的本质需要。高等院校辅导员职业知识是知识和文化积累、传承以及创新的源泉和基础。要提升高等院校辅导员职业素养，在遵循政治第一、以人为本、实践锻炼、系统提升等原则的基础上，提升辅导员职业能力和职业知识的层次水平是基础保障。

（1）党和政府保驾护航

辅导员能力与知识水平提升，需要党和政府保驾护航，提供强力支持与保障。

第一，需要完善相关制度建设，提高辅导员的制度认同。党和国家除了出台一些文件、政策外，应该围绕高等院校辅导员的"职业能力"和"文化知识"提升形成相应的法律法规，完善高等院校辅导员的选聘、培训、培养、管理、发展、晋升、考核、激励等机制，努力提高和完善高等院校辅导员职业发展的法制基础，营造有利于高等院校辅导员的良好发展的良好环境。

第二，需要增加教育经费投入，并向高等院校辅导员队伍建设倾斜。党的十八大以来，尽管每年我国的国家财政性教育经费支出占国内生产总值的比例均在4%以上，但教育经费的投入远落后于发达国家。教育经费支出结构不尽合理，存在地区、城乡差异，以及重硬件轻软件等问题，国家应加大对教师队伍建设的经费支出。在增加教育经费投入的同时，理应考虑向提升高等院校辅导员职业能力和文化知识的培训培养有所倾斜。

第三，需要搭建高等院校辅导员官方交流平台，拓宽交流学习渠道。采取举办全国性的核心素养大赛、建立政府思想政治工作专题网站、组织高等院校辅导员论坛等方式，搭建高等院校辅导员官方交流平台，加强全国各地高等院校辅导员的相互交流和学习，促进高等院校辅导员知识的丰富更新等。

（2）加强社会型的培训

辅导员能力与知识水平提升，需要社会为其培训培养提供补充，丰富渠道，充实力量。尽管在国家层面，已经有相关的培训培养机制等对完善提高高等院校辅导员"职业能力"和"职业知识"有不少保障，但是，面对庞大的高等院校辅导员群体和日渐严格的社会期待，仍需要社会力量的支持与配合。

第一，需要大力发展高等院校辅导员行业协会。通过这一行业协会，建设高等院校辅导员进行工作探讨研究和行业内部学习切磋的阵地，进一步丰富、提升高等院校辅导员"职业能力"和"文化知识"，并以非官方的方式及力量促进他们核心素养的提升。同时，充分运用和发挥高等院校辅导员行业协会的组织优势和话语权，表达高等院校辅导员的心声。

第二，需要设立社会专项基金。在社会设立高等院校辅导员职业素养提升专项资金，作为国家、教育部门和高等院校对高等院校辅导员队伍建设以及职业素养提升资金拨款的补充，拓宽高等院校辅导员培训、培养、研究等资金来源，逐步凝聚促进高等院校辅导员职业素养提升的社会力量，进而提高对他们职业素养提升的有关培养力度和有关研究的资助力度，为高等院校辅导员的职业素养提升注入新力量。

第三，需要增加高等院校辅导员培训基地、研修组织的数量，扩充基地和组织规模。要进一步增加他们的培训场所、研修单位的数量，进一步扩充培训基地和组织的规模，形成规模效应，使它们在高等院校辅导员的职业资格认证、职业发展等方面发挥更大的作用。

(3) 高等院校进一步的重视

辅导员能力与知识水平提升，需要高等院校进一步重视辅导员队伍，创新管理、培养机制。

第一，高等院校要从根本上重视辅导员队伍建设。树立教师发展为本的意识，要像重视学术骨干教师的选拔培养一样重视高等院校辅导员的选拔和培养。出台相关激励措施，推行辅导员职级制。从而增强高等院校辅导员的工作积极性、职业认同感和成就感，使高等院校辅导员队伍兴旺发达。

第二，需要构建科学的高等院校辅导员培训、考核体系。根据不同地区不同高等院校的学生特点，以及高等院校辅导员工作时间长短、工作职责内容、素养水平等，结合高等院校辅导员自身发展的职业需求，采用分阶段、分层次、分重点地组织开展培训，实现培训、考核的科学化、制度化和常规化，构建科学的培训、考核体系。

第三，需要重视高等院校辅导员价值诉求。坚持以人为本，在管理机制上，高等院校要建立交流激励机制，联通社会交流渠道，鼓励高等院校辅导员参与地方政府人才交流和挂职锻炼，拓宽高等院校辅导员视野和见识。在培养发展上，高等院校要给予辅导员更多的培训、学习机会，大力加强高等院校辅导员的培养和锻炼，对优秀辅导员进行重点栽培。

第四，需要多措施并举，鼓励高等院校辅导员开展调研并进行创新。采取评先评优、物质奖励、精神鼓励、提拔晋升等多种措施激励高等院校辅导员在实际工作中开拓进取，开展调查研究，分析教育对象、教育环境等变化，适时改变自身工作思绪以及方式方法，并积极应用新媒体技术进行思想政治教育工作创新。

（4）辅导员发挥主观能动性

辅导员能力与知识水平提升，需要辅导员发挥主观能动性，养成主动、自觉行动。高等院校辅导员是提升其职业素养的行为主体，起着内生动力的作用。发挥高等院校辅导员主观能动性，能形成一种职业素养自觉提升的意识和习惯，从而使其职业能力和职业知识得到持续不断的提升和更新。

第一，高等院校辅导员要充分发挥主观能动性。高等院校辅导员职业素养的提升是一个漫长的过程，并且在提升的过程中有不少的困难和挫折，只有发挥高等院校辅导员的主观能动性，才能产生内在驱动力，促使其持久保持意志坚强、干劲十足的精神状态，积极投身实践中去，从而提升自身的职业能力和职业素养。

第二，高等院校辅导员要勤奋好学，积极研修深造。高等院校辅导员要充分利用国家、社会、高等院校提供的学习研修平台，积极参与研修班学习、思想政治骨干培训、学术交流分享、学历学位提升、国外访问访学等项目，开阔视野见识，更新知识结构，不断完善与超越自我。

第二节　高等院校思想政治教育实践资源创新

本书的这一节探讨高等院校思想政治教育实践资源创新，主要对于如何利用红色文化资源以及影视视听资源进行了分析。

一、切实利用红色文化资源

在高等院校阶段的素质教育中，对文化自信的培养尤为重要，所以具有中国特色的红色文化需要被重视，红色文化能够与校园文化相交融，成为学校日常教育的重要补充。思想政治教育载体承载着丰富的精神教育内容、信息，是思想政治教育过程各要素相互联系的中介。然而长期以来，高等院校思想政治教育载体的运用其研究没有得到足够的重视，教育课程、实践活动等各种形式的载体不能与高等院校学生的实际生活和社会现状相联系，导致思想政治教育的效果大打折扣。

红色文化形成于中国革命的历史长河之中，蕴含着精神文明成果，承载着历代中国人的初心和使命，也体现了中国共产党革命的血泪斗争，是中国近代史的缩影，也是中华民族在奋斗过程中的精神结晶。

红色文化包含丰富的文化内容和精神内核，其中蕴含着大量的教育资源，作为中国共产党革命历程中的重要见证，其承载了丰富的价值和文化内容，所以以红色文化为载体进行思想政治教育，对高等院校学生思想政治教育的理论发展和实践优化都具有重要价值。

（一）红色文化传承的相关概念与内涵

1. 红色文化传承的相关概念

红色文化可以概括为中国共产党和人民群众在革命战争时期和社会主义建设时期形成的一系列文化成果和革命精神，并且与中国的传统文化和具体国情相结合，包括无形的经济、政治和社会制度等，也包括了有形的书籍资料、遗址和纪念场所等。由于红色文化自诞生、形成到发展跨越了近代中国的革命年代,所以按照其每个阶段的发展特定,研究红色文化的学者对其进行了分类。

(1) 新民主主义革命时期

关于红色文化形成的时期,可以被认为是形成于新民主主义革命时期。刘寿礼认为红色文化是一种意识形态,是群众性革命文化运动的产物,是中国共产党人同人民一起创造的①。这一观点得到了众多学者的认同,他们认为红色文化是中国共产党、人民群众和一切先进分子在革命的实践中共同创造的,具有中国特色和时代特色。

(2) 社会主义革命与建设时期

部分学者认为红色文化的形成是一段时期内,包括了社会主义革命和建设时期。例如依据中国革命的进程将红色文化划分为了三个阶段,第二次国内革命战争时期红色文化逐渐形成,并发展于抗日战争时期和解放战争时期,在中华人民共和国成立后则处于不断丰富和不断拓展的阶段。

有学者认为红色文化形成和发展的时期包括了中国共产党领导下的整个革命和建设时期。有学者认为红色文化形成于新民主主义革命和社会主义革命建设的过程,红色文化包括了知识信仰、道德、法律、风俗等一系列文化内容,是一个比较完整的文化体系和系统。

2. 红色文化的特征与传承

(1) 传承性

弘扬和传承红色文化有利于以文化人,坚定文化自信。中国有历史基础,有文化底蕴,深厚的历史基础和良好的民族文化是文化自信的历史渊源,是维护民族独立、推动民族发展进入新时代的强大力量。中国红色文化的形成和发展是中华文化的重要表现形式。它凝聚了人民共同的情感价值观和理想,为人民克服各种困难提供了坚强的精神支持。这是我国优秀传统文化向红色文化和社会主义革命实践转化、创新发展的重要成果。文化自信的另一个重要源泉是中国特色社会主义文化。

红色文化是新时代中国特色社会主义文化的重要组成部分,繁荣发展新时代中国特色社会主义文化必须坚持和发展红色文化。相对于西方价值观的混乱和文化的异质性,红色文化具有科学的世界观和方法论,民心相

---

① 刘寿礼. 苏区"红色文化"对中华民族精神的丰富和发展研究 [J]. 求实, 2004 (07): 33-34.

通,是文化自信的重要支撑。

(2) 时代性

中国共产党人毛泽东、邓小平、江泽民、胡锦涛,以马克思主义的基本理论和方法为指导,为中国共产党的建设和改革实践做出了巨大贡献,对文化建设规律的探索,创造了丰富的文化理论成果,为红色文化的思想政治教育价值的研究提供了实际经验和理论基础。新时代,习近平总书记,把文化建设放在新的历史高度,形成了一系列重要的会议精神,极大地丰富了马克思主义文化理论。

新时代,我们要遵循探索和创新的精神。因此,要想将地方红色文化融入高等院校的思想政治教育中,就必须理解红色文化的高度的传承性和时代性。在新的历史时期,我们必须不断丰富和完善红色文化的理论精神,有必要将红色文化和思想政治教育重新组建结合,提高对高等院校学生的号召力。将时代精神与红色资源相结合,红色资源可以注入新的时代活力,最终建立和完善红色资源体系。

3. 红色文化融入思想政治教育的理论研究

部分学者发现了红色文化的作用和意义,认为将红色文化融入思想政治教育之中,一方面能够使思想政治教育更加接近现实,并且丰富了教学内容,另一方面,通过教育的形式传承和弘扬了红色文化。"红色文化思想政治教育"开始被研究者们关注,在21世纪积累了一定的研究成果。谭宇提出红色文化思想政治教育的二重意蕴表现为塑造个体与凝聚群体[1]。从塑造个体的层面讲,红色文化对于塑造社会主义的政治立场和信仰有重要作用,并且能够增强精神力量,能够发挥思想政治教育的作用。崔建关注了高等院校思想政治教育中红色文化的部分,通过走访调查之后发现部分学校的校园文化中缺乏红色文化,而部分高等院校并没有将红色文化与思想政治教育更好地相融合,所以要加强红色文化在高等院校文化中的影响力[2]。充分利用红色文化资源,重视网络信息资源的使用,需要多方协同,共同营造一个适合红色文化传播和发展的环境。

中国近代史和现代史中有大量的革命与斗争的经历,这些不寻常的经

---

[1] 谭宇,王亚军. 红色文化思想政治教育的二重意蕴 [J]. 学习论坛,2020 (10):61-68.
[2] 崔建. 红色文化融入高校思想政治教育探究 [J]. 学校党建与思想教育,2020 (04):95-96.

历构成了特殊的红色文化,红色文化影响着一代又一代中国人的成长于奋斗,所以如何将红色文化与高等院校思想政治教育相结合,如何重塑载体增强高等院校学生的认同感和红色文化自信,这一课题值得深入研究。

(二)弘扬和传承红色文化的必要性

弘扬和传承红色文化,保护革命精神,是我国文化建设的重要方面。建设社会主义特色文化对培养文化自信和建设现代化的中国来说,已经上升到了国家战略层面。在高等院校的思想政治教育中融入红色文化与传承中国特色社会主义文化一脉相承,不仅可以实现红色基因的伟大传承,而且使广大师生坚定崇高的理想信念,有助于学生树立正确的人生价值目标,建构科学的人生价值体系。

思政课教师应认识到,革命精神是思想政治教育课程教学中最好的营养剂,要积极拓展路径,扎实开展教学改革,创新课内、校园、校外"三位一体"多维融入育人模式。同时促进学生在学习专业知识的同时继承革命先辈深厚的爱国情怀,唤醒学生的历史记忆,凝聚高等院校学生的政治认同,引导学生形成正确的价值取向。

1. 思想政治教育深度有待提升

高等院校思想政治教育虽然有很大的进步,但仍存在一定的问题。如今,高等院校思想政治教育在不断进行改革,其教学方法和教学内容逐步走向多元化、多样化,但是与专业学科相比较,对改革重视程度则远远不足,其开展深度和创新力度的差距也十分明显。

首先,在当代教育的大环境下,社会和公众基本以学校的专业教学效果作为评价学校成果的主要标准,考试成绩作为评价一名学生是否优等的唯一标准,从而使学校、教师和家长,甚至学生自己都过于看重专业课成绩,忽视了全面发展的初衷,没有真正重视学生思想政治水平的提升,忽视了对优良品质的培养。

其次,思想政治教育的实现需要依托载体,部分高等院校在开展思想教育过程中,载体的作用是缺失的。高等院校,通常通过课堂、课外活动、校园文化活动、管理和传媒等载体开展思想政治教育,但是长期以来我国高等院校思想教育的模式比较单调统一,创新性不足,载体不够灵活。模式固定化的教学导致教学内容脱离学生生活实际,也没有与社会的发展相匹配，单一依靠教师的传授。

2. 学生良好品格和情怀的要求

将红色文化与高等院校思想政治要求相结合，根据当地红色资源组织活动，能够让高等院校学生重温革命先烈艰苦奋斗的精神；将红色文化融入高等院校思想政治课程，能够让学生在课堂上感受革命先烈的爱国精神，从而激发学生的爱国情怀，并且可以结合先辈们的事迹，引导学生养成勤俭节约和艰苦奋斗的良好品格。大学阶段是人生发展的重要时期，学生学习和模仿能力较强，并且也很容易受到外界的引导和干扰，此时学生的可塑性较强，环境对他们的影响十分重要，所以借助红色文化进行教学，不仅可以有利于引导学生遵循正当的社会规范，也可以让学生有历史感悟，丰富学生的精神世界，有利于维持学生的身心健康，并且养成优良的品格。

3. 我国红色文化资源的运用还不足

红色文化在发展中已经成了传统文化的一部分，但是就如同传统文化一样，如何利用载体继承和发展，一直是弘扬传统文化和民族精神的难题。在中国的历史上，红色文化资源具有重要的历史意义和价值，不仅通过历史记录了一定时期发生的真实历史事件，也将历史事件中的精神得以保存下来，从而形成了红色文化。如果某一地方有红色文化资源，比如井冈山和西柏坡地区，那么对于师生接触了解红色文化和精神具有其本土资源优势，容易形成良好的氛围，容易产生较强的认同感。但是通过走访调查，笔者发现校内思想政治教育较少涉及本地红色文化，涉及内容不够全面，红色文化资源在高等院校学生中传播程度不够广泛，高等院校学生普遍对红色精神的认知程度不够深刻，对红色文化活动的必要性也认识不全面。其本质原因，是思想政治教育载体未能有效地发挥作用，高等院校学生不能通过现有的、比较僵化的、单一的载体去体会到思想教育的真正内涵，也使历史中保存下来的精神失去了生命力。

所以，如果要以红色文化为基础，重塑高等院校思想政治教育的载体，需要发挥本地红色资源优势，使教师和高等院校学生都能够认识到红色文化和红色革命精神对自身思想政治素养具有重要的影响，树立起正确的理想信念、价值观和人生观。

研究重塑载体，把地方的红色文化和精神与高等院校思想政治教育相

第四章 高等院校思想政治教育创新发展

结合，不仅可以改善高等院校思想政治教育的实际情况，而且能够帮助学生更好地传承和弘扬红色文化，还能在一定程度上促进学校教育者对思想政治教育载体的重视，为高等院校教育者顺利开展思想政治教育提供一定的参考与借鉴。

4. 民族精神力量的呈现

红色文化包含了诸多地域特色的红色文化教育资源，也是革命历史的真实写照，同时也蕴含着强大的民族精神力量，指引着中华民族的伟大复兴。其中红色精神、红色歌曲、红色革命遗址等物质和非物质文化遗产是高等院校学生了解我党的奋斗史、斗争史和建设史，进行思想政治教育和爱国教育的红色文化宝库，这些丰富的历史和文化资源为高等院校思想政治教育提供了丰富内容。红色文化以其深厚的历史底蕴可以使学生近距离接触到历史，感受重大历史事件的意义，从而获得新的体会和感悟。

红色精神是指中国共产党领导中国人民在革命、建设、改革各个时期所形成的伟大革命精神。在中国共产党的历史中，形成了很多可歌可泣的"红色精神"。红色精神已经深深融入中华民族的血脉和灵魂，成为鼓舞和激励中国人民不断攻坚克难、不断前进的强大精神动力。如"军民团结、艰苦奋斗"的井冈山精神，"不怕艰难险恶"的长征精神，"改变作风、提高素质"的延安精神，"艰苦奋斗、勇于开拓"的北大荒精神，"谦虚谨慎、戒骄戒躁、艰苦奋斗"的西柏坡精神，"自力更生、艰苦奋斗、勇攀科学高峰"的"两弹一星"精神，还有红船精神、抗战精神、大庆精神、抗洪精神、抗震救灾精神、抗疫精神（图4-2-1)，等等。

图 4-2-1 抗疫精神的代表

5. 红色文化的载体比较丰富

红色文化可以通过多种形式的载体融入高等院校思想政治教育，比如组织参观革命旧址（图4-2-2）、讲解先烈事迹等。高等院校思想政治教育体系是一个整体，不是局部、封闭的、静态的特殊生态系统，需要把多种载体结合成一个有机整体。红色文化就是将载体统一的那条主线，并且可以以此突破口进行手段和方式的重塑。

图 4-2-2　杨家岭革命旧址

帮助高等院校学生加深理解和认识红色文化的价值，继承革命先烈的光荣传统具有重大意义。当今社会迅速发展，今日头条、新浪、抖音等新媒体平台上展示着各种各样的信息，给传统价值观，尤其是高等院校学生的人生观、价值观带来巨大冲击，大学生攀比和拜金思想有所冒头，他们普遍缺乏革命先烈不怕苦、不怕累、艰苦奋斗的精神。红色精神在本质上是先辈们在改革开拓的历史中遗留下来的宝贵精神财富，所以将这种文化与精神利用载体传递给当代的高等院校学生，使其能够传承下去，有助于培养学生的爱国意识，树立文化自信。

6. 促进红色文化的保护和传承

研究红色文化对高等院校思想政治教育的影响，能够利用好相关的文化教育基地、文化教育资源，促进红色文化的可持续发展，还可以在某种程度上形成红色经济，能够推动地方经济发展。

（三）红色文化传承与融合的优势

红色文化资源，是中华民族具有中国特色的卓越文化形态，其中有丰富的文化内涵和历史文化底蕴。红色文化资源中的道德修养、精神理念等也是思想政治教育的内容，地方红色文化资源中的革命事例，也可以成为思想政治教育过程中的素材。教师可以通过多种角度对革命事例进行解读,并且可以通过多种形式展示革命事例。因为事例的真实性能够引起学生的共鸣和关注,所以红色文化资源在高等院校思想政治教育中与其他教学内容相比,有其独有的优势。

1. 精神引领性

红色文化"基因"对高等院校学生身心发展具有精神引领性。因为红色文化"基因"根植于历史和实践之中,并且当红色文化资源带有地方特色时,与高等院校学生的实际生活情况联系十分紧密。所以,红色文化不再是抽象的或者遥远的,而是身边发生的事迹,所以红色文化就具有极强的吸引力和亲和力。

理想信念是人的精神支柱,而理想信念的树立和培养都需要漫长的时间,并且能够坚持理想信念才是可贵的。对于高等院校学生来说,理想信念可能是陌生的,但是可以通过红色文化树立榜样,发挥榜样精神的作用,红色资源蕴含了许多中国共产党人不畏艰难、执着追求的奋斗故事,是新时代深入开展思想政治教育的良好素材,有利于高等院校学生在潜移默化中受到教育。如果在此基础上继续加以正确的引导,那么就能够激发高等院校学生带着强烈主观能动性、有意识地去学习先进人物所蕴含的优良品质,从而坚定自己的理想和信念,能够真正成为一个有益于社会、能为祖国奉献的人。

2. 可操作性

红色文化"基因"对于高等院校课程建设具有可操作性。高等院校学生思想道德观念的形成与发展,需要他们独立进行思考和生活体验,社会行为规范也只有通过高等院校学生的亲身实践才能真正内化为个体意识,在实践的过程中,学生可以获得最直接的经验和知识,并且亲身经历之后的感悟会更加深刻,有更佳的教育效果。

充分合理地利用红色文化,可以达到高等院校思想政治教育实践性教学模式的要求。因为红色文化资源就在学生的周边环境中,无论采用何种方法对其进行深入探究,相对来说都会比较简便易行,可操作性很强。比如,教师可以组织高等院校学生参观红色革命旧址、红色革命纪念馆,并围绕旧址、纪念馆中的各种主题陈列指导学生开展实践调研活动。学校课堂的思想政治教学、课外的实践活动等为高等院校学生深入了解红色文化搭建了良好的平台，深刻的亲身体验能够帮助高等院校学生形成对待红色文化的正确认识，然后学生再借助红色资源中的有益元素，提升自己的精神境界。红色文化其本身也有变革和发展的特质，并且红色文化需要被体验，才能够焕发新的生机，因此将红色文化应用于高等院校思想政治教育，可以使红色文化的生命力得以极大地增强，使红色文化的延续呈现出一片欣欣向荣的繁荣景象。

3. 激发学生的主体性

红色文化融入高校思想政治教育，能够激发学生的主体性。历史记忆实际上是构筑红色文化血脉的坚实基础，而本土的红色文化更容易激发高等院校学生的情感认同，其生成感受和体验的过程又是树立正确的人生观和价值观的有效策略。红色文化融入思想政治教育，是对地方红色资源的开发和利用，使地方红色资源走进课堂，创造一个良好的文化传播和教育教学环境，通过潜移默化的方式实现教化。而教师则可以根据本土红色资源的实际条件结合高等院校学生的思维和成长特点，灵活地制定高等院校思想政治课程的教学内容、教学方法以及教学组织形式，从而更加合理有效地改进传统的思想政治教育。

一些红色文化资源产生于特定的地区和环境，十分贴近高等院校学生的生活和心理，教师利用本土红色文化资源进行讲解，学生首先会有一种亲切感，不会觉得陌生，并且来源于家乡的文化能够激发学生的探索欲望。因此借助一些红色文化能够使学生更了解自己的祖国，了解曾经发生过的历史事件，并且在参观旧址的时候能够体会到革命先烈的艰苦奋斗，强力的冲击感能够使学生的印象更加深刻，从而以先辈们的品质要求自身，影响自己的行为和思想。

红色文化中富含着思想政治教育的因子，它在教育功能、教育内容以及实践活动的方式上都能够满足高等院校学生思想政治教育的需要。红色文化蕴含着革命战争年代当地人群沉淀形成的精神风貌、心理特征和伦理道德等，这对于高等院校学生的思想政治教育来说至关重要，所以二者在某些教育功能上是相一致的。

思想政治教育中包含多种理论知识，这些理论知识具有较强的逻辑性和理论性。教师如果采用单一的教学方式则无法达到很好的教学效果，也对学生的理解能力提出了较高的要求。而通过红色文化中具体可感的事例，可以将理论知识转变为鲜活的历史事件，如此一来在教学中教师可以避免进行理论性的说教。因此，教师要积极构建以红色文化为基础的、具有自身特色的高等院校学生思想政治教育体系。

（四）思政教育中红色资源运用的问题

红色文化载体在高等院校思想政治教育应用中存在一定的问题，主要表现在以下几个方面。

1. 实际利用的资源相对较少

红色文化资源极其丰富，由大量革命故事和历史文物构成的地方红色文化资源是高等院校思想政治教育创新的基础。可以说全国各地的革命历史资源非常深厚，代表的革命精神内涵也是异常丰富，另外各地也非常重视相关历史文物的收集，并且汇总了许多理论研究方面的工作。虽然我国的红色资源十分丰富，但是在资源的充分利用上仍然缺乏有效的整合，在利用形式方面比较单一，研究方向和角度比较分散，整体的实效性不强，因此还需要进一步对本地红色资源进行深入挖掘和考证，从长远看还有很大的提升空间。所以说就高等院校学生红色文化思想政治教育的内容而言，能够实际利用的资源相对较少。在高校，红色文化思想政治教育的内容通常只是一些普通的历史教科书或图书资源，虽然这些内容都是以更系统的方式介绍了一些红色文化，但其与高等院校学生的需要并不相符，学生阅读它们往往只是对红色文化的一种体验。这导致高等院校学生虽然非常感兴趣和好奇当地的红色文化的生成和发展，但面对的却是缺乏深入内容的图书，不能达到有效的学习目标。

各地政府都重视纪念馆的建设取得了一定的成果，但是整体建设水平距离人民大众的文化思想需要还有较大程度的差异。各种收藏纪念物的背后均涉及了不同的历史人物与故事，如果能够对其进行深度分析与挖掘，那么藏品的价值势必提升一个新的台阶。

现如今时代在不断前进，社会在不断发展。红色文化的发展创新要密切地遵循着新时代的发展观和发展主题，必须深入挖掘并深刻领悟红色资源的理论意义，在后辈不断的发展和传承下使红色精神更加光彩夺目。这就要求在研究红色文化精神时，必须认真探索研究红色文化和时代精神之间血浓于水的关系，不断挖掘二者的契合点，尽力赋予红色文化精神新的时代内涵。

笔者在与一些高等院校学生交流中了解到，高等院校对学生开展的红色文化思想政治教育活动，往往只是组织他们去看一部红色电影、读一本红色书籍、听一场红色报告、参观一次红色景点等，教育活动浮于表面，缺乏深入探讨，为了完成活动而活动，形式重于内容，违背了红色教育的初衷。

2. 载体形式有待丰富

红色文化的引入需要借助各种载体，而根据实际情况来看，载体的应用十分单一且匮乏，去差异化也比较严重，因此，高等院校学生在学习红色文化的过程中很难获得自己感兴趣的内容，学习红色文化的效果也难以保证。

（1）课程载体

高等院校思想政治教育的形式主要是课程教学，高等院校会开设思想政治类型的科目，并且通过考试的形式，检验学习成果，一般在内容上过于呈现条目化，严重依赖课本现有的内容，而具体实际的教学方式与运用载体却相对比较单一，基本都是一些高等院校学生难以体会的、空泛的大道理。另外高等院校教育者进行思想政治教育，也明显偏向于传统的空讲道理。

（2）教学计划载体

教学过程以教师为主导。教师通常只是一股脑地向高等院校学生输送书本知识，以其自身控制的进度为主要教学计划的依据，同时却忽视了高等院校学生的主动性，学生不能领悟和理解书本的内容，不能与自己的认知和体会相结合。结果自然使高等院校学生的主观能动性无法得到充分的发挥，红色文化思想教育中的最具代表性的，比如人生价值观教育、品德教育和爱国主义教育等不能顺畅地转换为高等院校学生真正的信仰和理念。

（3）教学工具载体

还有部分教育者对红色文化资源的传承仅仅是停留在强迫学生背诵上，并不能将整个红色文化的精神内涵以高等院校学生喜欢的方式表达出来。比如有教师表示，许多同事未能充分运用多媒体、短视频等较为先进的教学工具吸引学生兴趣，从而使得红色文化的教学过程空洞无味，缺乏活力与趣味，在很大程度上脱离了高等院校学生的生活环境，与高等院校学生实际生活关联性很差，导致部分学生无法理解讲授内容，并且由此没有兴趣去学习红色文化，这十分不利于高等院校学生对优秀红色文化的深入理解，教学效果相当不理想。

3. 载体内容缺乏与时俱进

教学载体的内容不能做到与时俱进，脱离了高等院校学生面对的社会和生活实际。在社会主义建设的新时期下，红色文化不仅仅体现了革命因素和政治因素，同时也代表了富有浓郁生活气息的文化意识形态，能够将个人的理想和国家命运、民族命运进行多层次、多段位的结合。

有些教师会将红色文化资源的相关内容直接放到课堂上，混同思想政治教材内容一起灌输给高等院校学生，不关心主题是否适应时代，也不关心内涵是否有新的解读。这样一来，不但偏离了红色文化资源与高等院校思想政治教育相结合的初衷，反而使高等院校学生感到更多压力，十分不利于红色文化的传播和发展。

4. 传播程度不广泛

思想政治教育运用红色文化资源的一个问题是，红色文化资源在高等院校学生中传播程度不广泛。高等院校学生作为思想政治教育中推进红色文化资源有序发展的重点对象，在家庭背景、人生态度、价值取向和价值观念等诸多方面具有非常显著的差异，尤其每个学生的思维模式和思维习惯更是大相径庭。因此教育者必须针对这些巨大差异提供更加丰富翔实的红色文化思想政治教育内容，采用更加灵活多样的教育形式。

但是目前有一些学校，在开展进行思想政治教育过程中，宣传红色文化、爱国主义等内容往往是应景式的，传播的深度和广度都不够，各种载体的应用流于表面，形式主义比较严重。教育者对高等院校学生真实的思想情况、教学中思想政治工作的实际进展情况、高等院校学生参与的积极程度、教育工作取得的实际效果等，还缺乏总体上的掌握。对于高等院校学生关心的一些具体问题，敏感度不够高，不能从实际情况出发去提高思想政治教育水平、推进思想政治教育建设、促进思想政治教育发展。教育者也不能从高等院校学生的切身利益出发来清理他们思想上的障碍、解决现代社会新形势下学生面临的各种矛盾，在高等院校学生间没有充分借助各种载体对本地红色文化资源进行广泛的传播，不能充分发挥红色文化的育人作用。

5. 学生对红色文化认知程度不深刻

目前，高等院校学生基本都是出生于 2000 年前后，他们衣食无忧，没有机会体会父母一辈的贫困生活，然而近些年来我国所发生的各种变化却是他们从小就能亲身感受到的，世界的政治、经济、文化等各方面都发生了巨大变化，尤其是各种思想文化涌入中国。根据我国教育部门相关网站介绍，高等院校学生在总体上的思想道德观相对良好，是非观念比较明确，而且都积极拥护党的领导。

有教师表示，结合自身多年教学经验，大多数高等院校学生对社会主义事业和中国的日渐强大有着比较深刻的认同，对中国特色社会主义道路、中国综合实力和国际地位的日益提高充满着比较坚定的信心，即使不能全面深入了解社会主义真正的核心价值体系，但也能始终保持积极的学习态度。但是当前高等院校学生的思想道德仍然受到了相当程度的负面影响，需要进一步加强传媒载体的管理和利用。

笔者研究发现，部分高等院校学生的人生观和价值观比较混乱，其民族意识在某种程度上被削弱，社会主义信念发生动摇。甚至有少部分高等院校学生盲目崇拜和迷信欧美文化和韩日文化，不加任何考虑地认同国外文化理念、价值观，爱国意识薄弱，思想道德素养不高，社会责任感不强而功利心较强，不能对国家使命产生正确的认知。

（五）红色文化资源应发挥的功能

将红色文化资源融入思想政治教育课程教学之中，用中国共产党的革命历史、革命传统、红色基因为高等院校学生补一补"钙"，壮一壮"骨"，是强化高等院校学生爱国主义教育、革命传统教育、理想信念教育和激发学生继承革命先辈爱国情怀的重要途径。

1. 很好地引导学生

将红色基因渗透到课程教学的各个阶段之中，有助于引领该课程教学始终坚持正确的政治方向，引导高等院校学生深刻理解革命历史，大力弘扬和传承红色文化，将红色文化资源作为鲜活的革命历史教材，从中汲取养分，有效满足高等院校学生成长过程中所期待的提升幸福指数的客观要求，提高他们明辨是非、善恶、美丑的能力，使他们在学习、生活中逐渐树立起正确的人生价值目标。

2. 有效地教化学生

有效地教化学生，即教化功能，也就是帮助学生建构科学的人生价值体系。红色文化资源内容生动、丰富，对充分发挥课程教学中的全员育人、全程育人、全方位育人的教化功能具有引导和激励作用。将红色文化资源融入思想政治教育课程教学之中，便可引导、帮助高等院校学生建构科学的人生价值体系。高等院校其他专业课程也应该像思想政治教育课程一样，重视将红色文化资源融入专业课程教学之中，以充分发挥红色文化资源在专业课程教学中的教化功能。

3. 充分地激励学生

充分地激励学生，即激励功能，也就是帮助学生培育一生的成长成才动力。用红色文化资源中鲜活生动的典型事例教育学生，让他们在日常生活中时刻以革命先烈及其英雄事迹作为自己行为处事的标准，产生思想共鸣，唤醒他们的爱国热忱和社会责任。用红色文化滋养他们，用红色信仰点亮他们人生未来，在地方红色文化资源的滋养中，向他们传承革命先辈崇高的理想信念，帮助他们培育一生的成长成才动力。通过红色文化资源的教育和熏陶，可以提升课程育人的说服力和可信度，使学生变得更有"温度""广度"，在知、情、信、义、行之中强化对红色情感的认同。

（六）红色资源融合教育的路径

相关的授课教师应积极拓展路径，将红色文化资源科学有机地融入课程教学或者实践活动之中，提升育人实效。

1. 认真做好内容对接

第一，要对红色文化资源进行全面深入的挖掘，把握革命历史发展的基本脉络；第二，要对挖掘的红色文化资源进行认真梳理和筛选，并深入挖掘这些资源的精神内涵，以增强其在教学中思想政治育人的感染力、感召力；第三，要建立红色文化资源教学资源库，为红色文化资源融入思想政治教育课程教学和实践活动做好资源储备，做好融入环节内容上的对接，使融入的内容逐步系统化、融入的方式方法逐渐立体化；第四，要制定红色文化资源融入思想政治教育课程的教学计划，细化融入备课环节和课堂教学环节。

2. 扎实开展教学改革

开展红色文化资源融入方面的教学改革。第一，要将历史与现实进行有机融合。虽然说革命战争年代距离我们越来越远，但是革命战争年代诞生的红色文化资源至今仍在焕发勃勃生机。教师在教学时，要随时随地把握好历史与现实的结合点，不失时机地将红色文化资源作为红色基因中的某种精神表征融入教学之中，向学生阐释革命先辈艰苦奋斗的优良品质和自强不息、勇往直前的崇高理想信念，引导学生将这种优良品质和理想信念与实现中华民族伟大复兴的现实需要紧密结合，不负韶华，不辱使命，做合格的社会主义建设者和接班人。第二，要做好线上线下的融入。授课教师要积极利用互联网、云计算的优势，丰富线上红色文化资源，建立新媒体平台，搭建优质、栏目齐全的红色文化资源铸魂育人大讲堂，采取线上线下结合的教学模式，以线下教学为主渠道，同时开展好线上教学。要采用学生喜闻乐见的教学方式将专业知识讲授与课程思想政治开展有机结合，发挥出红色文化资源育人之实效。

3. 形成多维融合模式

形成多维融合模式是指形成课内、校园、校外"三位一体"多维融入育人模式。

首先，在课内教学中，要根据课程的特点，在一些相关的教学环节中有机融入红色文化资源。例如，开展以红色革命为主题的剪纸设计或陶艺制作，让学生设计和制作出更多更好的作品。

其次，在校园育人环节中，以红色文化资源为专题，组织学生结合自身实际开展自主式、案例式、讨论式、情境式、互动式的学习探究活动，并由授课教师制作以"我看革命英烈""红色历史遗迹寻踪"等为主题的育人微课程、短视频，以生动鲜活的图片、视频以及详细的文字材料激发学生对红色文化资源和思想政治教育课程的学习兴趣。

最后，在校外实践育人中，组织学生参观烈士故居、烈士陵园、革命旧址、革命纪念馆、陈列馆等红色文化教育基地，让思想政治教育课程教学走出课堂走向校外，将该课程的实践教学与学生的职业精神充分融合，拓宽思想政治教育的主渠道。

4. 有效进行评价改革

应高度重视主体素养评价，不能仅把学生提高学业成绩、掌握专业知识作为评价的唯一指标，因为这种做法"遮蔽了立德树人这一根本教学任务，背离了课堂教学的育人本质"。通过深化教学评价改革，促使学生形成有内涵、有灵魂、有美感的思想政治素养，同时，让学生在潜移默化中接受红色教育。

（七）红色文化运用带来的重要启示

将红色文化资源融入思想政治教育，开展思想政治教学改革意义重大，启示也颇多。

第一，革命精神是课程教学中最好的营养剂。开展红色文化资源融入教学改革，其核心任务是将中国共产党人的革命精神融入课程教学之中。这种革命精神是红色文化资源中蕴含的中国共产党带领全国人民推翻三座大山，让中国人民实现从站起来、富起来到强起来的伟大历史飞跃中承载的红色基因，是实施思想政治育人最好的营养剂。红色文化资源融入教学，既可不断丰富思想政治育人的案例内容、教学资料，也能在一定程度上丰富思想政治课程立德树人教育形式，提升教学的吸引力和育人的感召力，使思想政治课程的立德树人变得有滋有味、有血有肉且形象生动，富有感染力、说服力。

第二，家国情怀是教学的内在灵魂。将红色文化资源融入思想政治教学中，就是把中国共产党人的家国情怀作为思想政治教学的内在灵魂植入到教学的各环节之中。红色文化资源融入教学，为培育学生的家国情怀扩展了实践空间。比如利用节假日组织学生参观红色文化教育基地，搭建起课堂教学与社会实践的联系通道，可以使学生在社会实践体验中构建理论与实践连接的脉络。在教学之中，能使中国共产党人的家国情怀润物无声地渗透进学生的心田，增进他们对中国共产党人家国情怀的情感认同，最大程度地发挥出红色文化资源引导人、教育人、鼓舞人的思想政治育人实效。

第三，初心使命是教师应有的职业站位。授课教师应将初心使命作为自己应有的职业站位，将自身肩负的教书育人的初心使命与实现中华民族伟大复兴的中国梦紧密结合起来，以此指引学生通过对思想政治的学习，增强守住初心、担牢使命的神圣责任感和使命感。红色文化资源本身就承载着中国共产党人坚定执着、百折不挠的初心使命，作为思想政治教育课程的授课教师就应该竭尽全力深入挖掘红色文化资源中蕴含的中国共产党人初心和使命方面的案例素材并应用于课程教学中，保持精神定力。

二、充分利用一些影视资源

（一）资源运用的理论基础

1. 马克思主义文艺理论

（1）经典作家的文艺理论

马克思、恩格斯首次用历史唯物主义的方法去研究文艺现象，阐释了文艺作为一种社会意识形态的特点，一定程度上揭示文艺在社会中的地位。在《政治经济学批判》序言中马克思提到艺术属于上层建筑的社会意识形态形式，是社会存在的一种反映[1]。随着私有制的消亡，以物的依赖性为基础的独立性，到了以在个人全面发展和共同的社会生产能力的基础上的自由个性。马克思在《1844年经济学哲学手稿》有好多次都有从审美活动举例，来说明审美活动立足社会发展这个宏观的背景下，让人的精神有着一种解放[2]。列宁继承和发展了马克思恩格斯的文艺理论，他在相关著作中强调，艺术反映的是一个人的能动性，没有创作主体的创造性和能动性，艺术会失去审美价值和感染力。

（2）中国特色的文艺理论

社会主义文艺运动的发展得益于马克思主义文艺理论的指导。马克思主义文艺理论是我们文艺建设的指针，它在我国传播并发展，已演变为具有中国特色的文艺理论。

在中国的革命和建设事业过程中，毛泽东强调文艺创作者要深入群众，去体验，去观察，然后才去创作[3]。邓小平在文艺思想方面继承了毛

---

[1] 马克思. 政治经济学批判序言［M］. 柏林敦克尔出版社，1859.
[2] 马克思. 1844年经济学哲学手稿［M］. 中共中央译. 北京：人民出版社.
[3] 毛泽东. 毛泽东选集［M］. 北京：人民教育出版社，1953.

泽东的文艺思想，强调文艺思想要坚持四个现代化，要有利于人们精神境界的提升。江泽民在新的时代下强调，进一步学习马克思主义文艺思想，一切文艺创作要坚持先进的方向。胡锦涛对于文艺思想方面强调，"文艺工作者要"始终坚持锐意创新，更加自觉、更加主动地承担起文化创造的历史责任。①"

习近平总书记对马克思主义的文艺思想也有了新的发展，习近平总书记有强调，"文艺事业是党和人民的重要事业，文艺战线是党和人民的重要战线。②"

这些为文艺创作给予了指导，促使我们文艺发展有着新的活力。

2. 思想政治教育载体理论

在思想政治教育过程中，我们需要一样东西或者一件事物即所谓的中介来辅助我们传播思想政治教育信息，进而去达到我们的目标。其实"中介"是桥梁，既可以是实践活动、文字、手段，也可以是一定的文化、多媒体等。随着人们运用科学技术的手段越来越先进，能力越来越强，多元化的思想政治教育载体在我们身边"出生"了。随着科学技术的发展，随着意识形态的生活化开展，以电影、图像、短视频为构成要素的影视资源在高等院校思想政治教育中产生了较大影响，影视资源作为一种载体，有着生动的方式，并且在思想政治教育起着不可忽视的作用。这样的教育方式易被学生喜爱和接受。

（二）影视资源的特征

1. 影视资源自身的特性

当今，人类社会已经进入图像为王的时代。图像洪流中，有着理性思维元素的文字逐渐丧失了在人们心中的原有魅力，人们接受信息的方式似乎正由"思"向"看"转变，视觉化、图像化趋势越发明显。生活中，我们会发现刷短视频、刷剧、开直播已经成为部分高等院校学生休闲、娱乐的主要方式，他们痴迷于其中的图像，被丰富多彩的图像围绕着。图像已

---

① 胡锦涛. 在中国文学艺术界联合会第九次全国代表大会、中国作家协会第八次全国代表大会上的讲话[M]. 北京：人民出版社，2011.

② 习近平总书记在2014年文艺工作座谈会上的讲话.

毋庸置疑，深刻影响了人们的思想观念。

第一，直观与生动性共存。直观与生动性是影视资源的一种特征。影视资源符号的能指与所指有形似的对应关系，在追求"真"这方面有着天然的优势，因为视觉符号更多以平面去表现立体，从再现走向仿像。其实，影视资源在我们的生活中以其他的形式陪伴着我们，如电影、短视频，给人一种强烈的感觉是比较生动、直观。正是影视资源的这种直观、生动的特征使得其与印刷文本有着明显的不同。另外，影视资源的生动性给人一种快感，心里会感受到一种冲击，图像动态化代替了文字的静态体验。可发现，当今人们理解事物和认识世界越来越以感性意象为表征，影视资源的发展趋势反映了思维方式的转变，把直观、生动、可视化看得越来越重要。凸显直观、生动性、可视化的东西有更大的文化力量。

第二，大众性与个性化共存。数字技术的运用改变了传统社会信息交流的形式、手段和渠道，创新了文化生产、储备和传播的载体，为人类文化注入了新的特质。何为影视资源的大众性？简单说就是公众性，每个人都可以拥有它。一般情况下，对于影视资源的表现形式，如电影、图像、短视频都以一种"公众"身份出现在我们面前。同时，影视资源有个性化特征，人们可用它来随时随地表达自己的看法，记录自己的生活，按照自己的需求传播特定的信息，凸显了影视资源的个性特征。

2. 影视资源与思政教育的契合性

（1）影视资源的育人功能

文化作为一种精神力量，对人们的思想、行为有着引导作用，文化具有潜移默化、点滴渗透的育人特性和功能。各种类型的电影、图像、电视、短视频拥堵在我们的视觉空间，影视资源是极具有直观性特点的文化，其传播效应和教育效果在强烈的情感之外能表达思想理念，震撼人心，同时能够实现内容的形象化和思想性融合，增强寓教于乐的内生动力，让人们有所知、有所思和有所为，从而完成引导人、塑造人的使命。某种意义上，高等院校学生可以根据各种影视资源作品建构自己对世界的看法，塑造自己的价值观念，培养自己的形成视觉思维能力。

影视资源本身具有较强大的大众性和感染力，是开展审美教育、净化心灵、塑造人、健全人格的有效载体。何为"审美教育"呢？一般意义上是指对人们追求美的一种教育。从影视资源领域来看，审美教育就是培养人们对电影、图像、短视频的一种鉴别能力。简单说，就是让影视资源里蕴藏的优秀图像、短视频作品去培养人们对如何用"美"的态度对待人生、生活和社会，促使他们的精神达到整体的和谐，树立健康、良好的三观。另外，影视资源作品可为观众提供感受视觉作品魅力的空间，以它们应有的"力量"去营造出沉浸式空间，更具有吸引力。观众的沉浸度越强烈，对视觉作品的认识和情绪感知更加深刻。其实，通过一些令人心动的故事情节和发人深思的镜头，在人们心里撒下"美"的种子，过后人们去反思生命、反思生活，找寻正确的精神追求，某种程度上，这是影视资源在审美层面上对生活中人们的一种美的教育。

(2) 思想政治教育的文化属性

思想政治教育的特点寓于政治性、社会性和文化性中，是一种独具特色的教育活动。但自有阶级社会以来，由于人们过于注重其政治性的特点，有时忽视了社会性和文化性，呆板化的问题深深嵌入了思想政治教育之中。其实思想政治教育要具有文化属性，决定了思想政治教育本身也是一种文化活动。其实，"育人"过程同时就是"化人"过程，意味着思想政治教育活动的开展要以文化为载体。随着社会进程加快，思想政治教育在"立德树人，铸魂育人"方面发挥着日益重要的作用，所以，思想政治教育"化人"的作用也日渐凸显。思想政治教育"化人"的方式是潜移默化的，但是这样的方式达到的却是微微细雨足以润万物的功效。它帮助大众掌握正确认识世界的方法，提升思维的创造性，并在其中用文化去凝聚一切可能的力量，创造每一个机会，滋养每一个心灵，在提高高等院校学生文化意识和理论素养的同时教导他们知道何为真、善、美，提升精神境界和个性品质。思想政治教育体现一种文化力，为文化固本强基。

（三）影视资源在高等院校思想政治课中的应用原则

1. 需要教师适时引导

影视资源在高等院校思想政治教育中的应用需要高等院校政治教师的适时引导。影视资源不是高等院校政治教师简单地播放视听资源，教师需要根据教学内容选择恰当的视听资源，在教学中给予学生适时的引导。在播放视听资源时，高等院校政治教师可以先介绍视听资源的背景，用教师的语言进行叙事，方便学生进入教学情境，感悟学科内容，并在需要引导时给予学生引导，共同探讨，并不是单纯地让学生鉴赏视听资源。同时还要注意对学生理想信念、价值观方面的引导。在信息技术飞速发展的时代，网络成为青年学生获取信息的主渠道，通过网络，学生可以获取学习资料、时事政策、前沿消息等。高等院校教育阶段，一般是学生的青年时期，这个时期正是身心健康成长发展和价值观念形成的重要时期。而网络所传载的信息像把双刃剑，有主流文化就有非主流文化，正面文化固然对青年学生带来积极的影响，但其中诸如暴力文化、色情文化等良莠不齐的负面信息，直接影响着青年学生的心理健康和道德成长。高等院校学生正处于心智发展阶段，尚未成熟，容易被外界的信息所左右，从而形成困惑或者混乱的思想认识。加之自控力和自制力的不足，极容易造成高等院校学生的理想信念和思想道德观念淡薄，进而弱化思想政治教育效果。此外，进入互联网信息新时代，每个网民都可以在网络媒体上对各种社会焦点、热点问题表达自己的想法，或是对不良行为进行曝光，现实生活中的各种事件都在网络上迅速传播，然而往往会暴露出隐藏在事件背后的现实社会的阴暗面，容易引发高等院校学生群体产生对社会的质疑，所以高中政治教师要随时关切学生，在进行影视资源时，对学生理想信念价值观方面进行适时引导。

2. 系统反映思政学科特点

系统反映学科特点，即系统性原则，也就是指影视资源在高等院校思想政治课中的应用要系统地反映学科特点。高等院校思想政治课程具有学科内容的综合性，并且这种综合性主要是为了核心素养的落实而提出。影视资源在高等院校思想政治课中的应用也要与学科特点一致，要体现综合性。也就是说，在高等院校思想政治课中应用影视资源是要引导学生初步掌握马克思主义基本原理，理解习近平新时代中国特色社会主义思想；树立正确的历史观、民族观、国家观、文化观，认同伟大祖国、中华民族、中华文化、中国共产党、中国特色社会主义，积极践行社会主义核心价值观；树立宪法法律至上、法律面前人人平等观念，进一步增强法治意识；等等。

3. 具备一定的针对性

影视资源在高等院校思想政治课中的应用必须着眼于高等院校思想政治课中的叙事客体、时代特点和社会环境。高等院校思想政治课中的叙事客体是学生，学生是教育对象。时代特点和外部环境是影响影视资源在高等院校思想政治课中应用的外部因素，因此也需要考虑。

首先，以叙事客体的认知为基础。影视资源在高等院校思想政治课中的应用是以高等院校政治教师和学生为主体和客体，通过高等院校思想政治课中的教育媒体，作用于学生视觉和听觉的教学活动。要想达到预期的教学效果，就要考虑叙事客体对高等院校思想政治课中影视资源内容的可接受性。

学生是一个复杂多样的教育对象，是活生生的人。我们要遵循学生认知发展规律，如何将学科影视资源内容贴近学生的思想、学习、生活实际，充分反映学生的成长需要，促进学生主动地、生动活泼地发展，是影视资源如何应用需要考虑的首要问题。

其次，从时代特点和社会环境出发。除了着重考虑叙事客体的认知特点，还应考虑时代特点和社会环境，这也是针对性原则所要求的。

4. 注意交互关系

交互性原则指的是影视资源在高等院校思想政治课中的应用，要有人机交互、人际交互以及媒体交互。人机交互是系统与用户之间的交互关系。在教学中，表现为高等院校政治教师根据智能软件进行备课和上课、学生根据智能教育媒体进行学习和交流。比如高等院校政治教师和学生与教育媒体的交互，就是教师利用教育媒体制作教学内容，学生根据教育媒体所传输的教学内容进行信息的接受与转化。人际交互主要表现在教师和学生进行交流互动、学生之间进行交流互动，这种交流互动是基于学生对教育媒体所呈现的教学内容的掌握情况来进行的。媒体交互是多形态、多媒介传输信息的过程。在教学中主要表现为高等院校政治教师在选择和应用视听资源时无须局限于一种媒介呈现教学内容，比如结合报纸、电视、互联网等媒介，利用多媒体软件制作课上所需要的教学内容。

（四）影视资源的融入策略

第一，影视资源在高等院校思想政治课中的具体应用要注意选择合适的视听资源。在实际教学过程中，高等院校思想政治课中影视资源的内容资源选择十分广泛。在知识点讲解和重难点的突破上，可以利用现代教育技术，实现教学资源共享。比如在升华情感态度价值观上，可以结合时事政治，利用影视适时讲解。又如一部关于教学内容电影的播放，学生把视觉和听觉都集中在了这部电影中，学生容易产生移情之感，引发共鸣。

第二，影视资源在高等院校思想政治课中的具体应用中，还需要进行预先的教学活动设计。比如在课前导入环节，高等院校政治教师可以利用现代信息技术事先展示有关这堂课的教学内容，创设一个教学情境让学生先感受、体验，并沉浸其中，最好是与视听资源发生共鸣，产生移情之感。这个步骤关键在"导"，是引导、引领的作用，目的是让学生先沉浸在高等院校政治教师选择或制作的视听资源中。在课中环节，教师可以利用教育媒体充分调动学生积极性，促进教师与学生之间、学生与学生之间、媒体与学生之间的互动，运用影视资源突出教学重难点，并控制好视听资源的时间和教师引导的时机，形成良好的教学氛围。这个步骤关键在"析"，学生能真切感受到视听资源所呈现的教学内容，并在讨论、分析中习得知识，获得情感体验。在平时，教师可以利用精美的幻灯片或者录播课中教师精彩的讲解以及深入人心的影视资源等，将本堂课的教学内容展示出来，学生在视觉和听觉的刺激下对本堂课进行一个总结和提升，达到对整堂课教学内容的升华。这个步骤关键在于"结"，要以串联本节课所讲内容和重在升华情感为目的来进行结课。

（五）一些影视资源运用案例分析

我国文化市场上的一些类型的资源值得广大高等院校的思想政治教育人员进行利用，比如校园欺凌类型的影视资源就具有非常重要的思想政治教育意义，教师可以将其融入教学的方方面面。下面，本书也以校园欺凌类型的影视资源为例来进行具体的论述。

1. 相关资源运用情况分析

将校园欺凌现象放置电影艺术与现实生活融合之中进行考察。对于影视作品而言，即使导演在对其进行影片呈现时立足于对现实的刻画，但影视作品本身的艺术性会不自觉地将影视作品纳入艺术加工的行列，具体表现为对某一因素进行夸张，或者对现实生活中的片段进行选取、剪接与重组，这便使得影像真实与现实真实之间始终存在某种界限。但是单从故事内核来看，影像叙事与现实叙事往往遵从同一种叙事内核，即对悲剧的不完全刻画以及对生活的复杂性呈现，而这一情况为界定影像真实与现实真实提供了可能。教师可通过对不同校园欺凌电影进行分析，提取出不同事件中的共性，进而将其与现实生活做类比，对校园欺凌的起因、各个角色在欺凌中的定位与行为特征以及校园欺凌的防治措施等方面进行研究，以使得艺术得以真正地为现实服务，使得校园欺凌防治措施中的媒介措施能够得到最大限度的发挥。

2. 呈现的教育反思

校园欺凌主要指发生在学生之间的，强势一方的个人或团体故意且恶意通过肢体、语言、网络等手段，重复且持续地欺负、侮辱处于弱势一方的个人或群体，使其身体、精神、心理与人格等受到伤害的行为。本书采用这一概念对校园欺凌事件进行界定，并将其拆分为多个研究模块，包括欺凌者、被欺凌者、沉默的大多数与缺失的教师等主体人物形象，欺凌现象在电影中的空间叙事与行为表达，欺凌现象在现实中的成因分析与防治措施等，并各个模块之间具有内在的联系与合理性，因而使对校园欺凌的研究得以贯穿于本书的各个环节。而对于教育反思来说，教育作为环境的重要组成部分，与校园欺凌现象可以构成一定的因果关系，这种关系定位主要来源于校园欺凌现象的成因之一，即教育的缺失。校园欺凌与教育之间的关系使得对校园欺凌的分析必须立足于教育的大环境之中，对欺凌现象的深层动因进行挖掘且在此基础上对现行教育的不足之处进行指认与反省。

从社会系统来看，教育属于社会的子系统，教育的研究领域和实践领域随着时代的发展呈现出与其他社会子系统的相互交织，开拓出很多新的教育知识增长点的态势与局面，但是，无论是所做的教育研究，还是所进行的教育实践，基本都是从固有的教育观点、角度与理论出发。以校园欺凌事件的防治为例，通过查阅文献资料可以发现，对校园欺凌现象所进行的反思通常情况下建立在教育的视角之下，将矛头对准教育制度、教育者以及学校、社会和家庭及其之间的合作，这使得对校园欺凌的防治体系的研究局限于教育的视角，探讨如何能够将教育的效力以相对强制性的手段对学生进行学习与生活的全覆盖。但是，实质上，对于校园欺凌的防治而言，应该突破单一的教育视角，实现由教育系统向其他领域的发散，将其他社会子系统纳入对校园欺凌防治系统的研究以及防治模式的构建之中。从此角度而言，对影像的立场与观点所进行的有效掌握有助于教育本身综合性以及开放性的进一步发展。

3. 相关影视资源的运用途径

（1）准确把握相关影像的立场与观点

欺凌类型的电影具备一定的现实意义，可以对现实生活中的校园欺凌事件的防治产生正面影响。但是需要注意的是，在对校园欺凌类电影进行现实中的运用时，最先应当解决的是立场与出发点问题。只有对校园欺凌类型的电影的立场进行明确把握，才能够更为深入地对此类电影的真正内涵进行更为贴切的理解，进而才能够促进校园欺凌类电影在现实生活中正向影响的有效发挥。

第一，学校在明确相关影像的立场与观点的基础上进行印证。学校作为实行教育的重要环节，其教育制度与管理制度往往能够给学生的身心带来极为重要的影响。学校在进行自身场域的制定时，往往会对学校教育制度以及学生的客观需要进行综合考虑，因此其教育制度本身所具备的科学性毋庸置疑，但是因为学校的定位是教育系统，所面向的是学生群体，因此在具体到个体对象时往往会有所疏忽。同时，对于校园欺凌而言，其发生在大多数情况下具有一定的隐蔽性，这使得学校管理者难以轻易发觉到欺凌事件的存在，即使欺凌事件被发掘，管理者也很难找到自身的疏忽之处。欺凌电影往往在不经意间提供给学校管理者以上帝视角，使其得以对校园欺凌事件的整个校园环境进行考察，进而能够发现影视作品中学校体制的疏忽遗漏之处，并及时对自身进行反思与应对。

第二，教师在分析反思影像中呈现的教师形象的基础上提升业务能力。尽管教师与学生的接触时间较长且接触频率较为密切，但是其大多处于学校或班级的空间之中，因此教师所观察到的学生具备一定的片面性特征，这使得教师难以通过日常观察对学生的性格进行了解。除此之外，教师作为教学关系中的权威者，通常较为注重自身权威的塑造与维护，因而在问题暴露之前，教师通常不会对自我进行反思。在此情况下，部分教师容易出现难以对校园欺凌事件察觉并做出有效处理的困境。因此，在对欺凌类电影进行观看时，教师应当注意欺凌者与被欺凌者在教室环境中的特异性表现，并将其运用至现实之中对学生进行观察，以吸取电影中教师的经验，对其所做出的处理方式进行学习与反思，以增强自身对于校园欺凌事件的敏锐度与处理能力。

第三，社区管理者在观看电影的基础上发觉自身在教育层面的缺失。社区教育工作对校园欺凌的关注度不足主要体现在学校与社区联络较少，社区在进行反欺凌教育时形式单一、内容死板，忽视与学校合作进行共同教育。社区和学校在治理欺凌中都具有重要作用，二者的合作有利于丰富教育形式，提高教育效果。学生的思想也会受到社区的不良风气侵蚀，从这一角度来看，社区不仅要对社区环境进行治理，同时也应与学校合作为学生提供多种多样的教育形式，这有利于对学校的反欺凌教育起到辅助和补充作用。一方面，改善社区环境，开设心理辅导部门，重视良好环境的创建。首先，社区应积极宣传先进文化，拒绝暴力文化。社区可通过宣传栏张贴海报或组织人员上门教育等方式，宣传正向文化。其次，社区应加强管理，保持和谐的环境。良好的人际环境能有效避免学生的错误模仿，从而减少欺凌行为。同时，社区也应建立心理咨询部门，积极为欺凌者和受害人提供专业的心理咨询服务，提高学生的心理素质。另一方面，对学生进行跟踪教育。欺凌行为对学生的影响较为久远，因此，在处理完欺凌问题之后，社工应对欺凌者和受害人进行专门的跟踪教育。同时，由于欺凌行为的发生具有重复性，因此，社工应密切关注欺凌者或受害人的日常行为，当出现不良倾向时给予及时教育。社工也可以带领学生参加社区的反欺凌志愿互动，增加学生对欺凌问题的认识。

第四，校园欺凌相关者在角色置换及移情的基础上进行客观理性的认知。作为校园欺凌的直接构成者或直接影响者，更应该把握电影中所展现出的立场与观点。对于欺凌者而言，欺凌者在观看校园欺凌类电影时应当尽量站在客观公正的角度，即使遇到角色置换，也应当尽量保持原有的理性，对影片的立场与观点进行把握。一是把握校园欺凌所具备的巨大伤害。在欺凌者观看影片以及对影片立场进行把握时，应当关注校园欺凌对被欺凌者的身心所造成的巨大伤害。二是把握校园欺凌行为的真正本质。欺凌者在对影片立场进行把握时，应当发现欺凌行为通常情况下仅仅是欺凌者的试图达到某一目的的途径，因此其应当深入把握影片内涵，由人度己，对自身的行为以及心理进行深入思考与剖析，以此寻找真正根源所在。三是把握校园欺凌行为具有较强的不道德性，甚至可能向着违法犯罪的方向演化。事实上，校园欺凌类电影通常会对欺凌者的欺凌行为进行控诉，因此欺凌者在观看影片时能够更为客观地看待辱骂、殴打等行为所具备的不道德性及其在法律意义上的禁止性特征。对于被欺凌者而言，被欺凌者在对观看影片并且对影片立场进行把握时，应当明确被欺凌者处于弱势地位，以受害者的形象出现自然地受到观众以及导演的怜悯，因此，被欺凌者应当尽量摆脱内心的孤独感，降低警惕，积极地在现实生活中进行求助。除此之外，也可以从影片中被欺凌者的行为受到启发，对正确的求助行为进行选择并运用于实践，并且认识到错误偏激的报复行为所具备的悲剧属性，进而得到教化。对于旁观者而言，其在观看影片时，往往能够切实感受到被欺凌者的悲痛与无助，认识到正义与善良对于被欺凌者的巨大意义及其在校园欺凌中能够发挥的重要作用。对于家长而言，一般情况下，大部分家长在观看校园欺凌类影片时不会将其与现实生活中自己的子女进行联系，因此，对电影立场与观点的把握有助于使家长树立起一定的警觉意识以及对校园欺凌现象的本质理解，进而有助于发挥家长与教师的合力，对校园欺凌事件进行防范与治理。

（2）相关教育者应该加强关注

随着时代的发展以及人民生活水平的上升，观看与鉴赏电影已经成为人们日常生活的重要组成部分，但这并不意味着公众真正理解电影的立场和观点，因为对其进行准确深刻的把握需要一定的方法与技巧。

①关注教育问题，了解校园欺凌

对教育问题的关注和对校园欺凌的了解是正确把握影片立场与观点的前提基础和关键重点。只有对教育问题进行关注，才能够具备更为敏锐的意识，能够更为深入地体会电影的内涵。电影艺术属于表达艺术，体现导演的意愿以及想法。但是，在面对不同的观众进行展映时，由于观众的人生经验、思维习惯以及内在价值体系的不同，看待电影的角度以及感受往往也各不相同。对于校园欺凌类影片而言，即使围绕校园欺凌事件进行展现并且具备较强的批判意识，但是丰富的空间叙事、人物结构以及故事脉络依旧使得此类型的影片具有多层观看视角和解读方式。以《少年的你》为例，大部分教育工作者都能够从这部影片中感受到教育问题的严峻，但是对于部分观众来说，更为注重的是陈念与小北之间的爱情以及青春期的美好。从这一角度来看，对教育问题进行关注并且具备敏锐意识的群体往往能够更清晰地感知到影片所呈现的主导立场与倾向性。但是，这并不意味着教育工作者应把观影当作工作的一部分，而完全削弱影片的娱乐效果。事实上，大部分教育工作者往往已经把对教育问题的敏锐度内化为自身思维的重要组成部分，并且运用感性的眼光来看待电影反而能够更好地感知到影片中的观点，以及能够将其应用于现实校园欺凌防治体系的构想。此外，对校园欺凌有所了解是正确解读电影，了解电影立场与观点并加以利用的前提。校园欺凌具有多种层次的内涵，既可以作为一种教育问题加以研究，也可以作为教育现象进行反思，同样可以作为学生行为进行探索，并且从学术意义上来说，校园欺凌具有系统性、完整性以及理论性等多种特征。尽管对校园欺凌的认知与理解具有浅显的习俗性认识，但是这种认识主要建立于个人的经验与思想之上，并不具备较强的科学性。比如从道德层面来看，旁观者所采取的旁观态势属于予以谴责的行列，并且部分群体确实将旁观者作为口诛笔伐的对象，但是，事实上，在不同校园欺凌的情景之中，以及在不同人格特征、心理状态和精神情感等因素的影响之下，旁观者所做出的旁观态势具备一定的合理性，但这种合理性需要在理论的指导下结合具体的校园欺凌情境进行合理的分析与把握。从这一角度上来说，观众只有具备对校园欺凌的理性系统认识，才能够真正站在客观的角度对电影中的校园欺凌事件进行更为合理的思考，才能够更加客观地对电影中展现出的立场与观点加以正确的认识与理解。

②具备一定的影像知识及艺术鉴赏能力

校园欺凌类电影属于电影的一种类别种属，并不能脱离电影艺术的范畴。因此，对影像立场与观点的把握，实质上是运用影像知识和艺术鉴赏能力感知影片及导演的倾向性。这主要是因为电影艺术作为确立已久的艺术形式，在大量电影从业者的探索之下已经大致形成完备的艺术体系，具备自身独特的艺术风格、表达逻辑和呈现方式，进而拥有较为鲜明的艺术特征，导演在对影片进行编排时，难免会按照电影的艺术逻辑进行叙事，因此，从这一角度来看，只有具备一定的影像知识和艺术鉴赏能力，才能够更为准确地对电影中各个元素进行有效识别，进而具备更为敏锐的思维意识以及更为完整的逻辑思维体系。同时，导演在影片的构造之中发挥着巨大作用，因此，对影片立场与观点的正确把控离不开对导演艺术风格及特色的了解。导演作为电影的直接缔造者，对于电影中各个元素的排列组合方式具有极为重要的塑造作用。由于个人经验、艺术品味以及思维逻辑的不同，不同的导演往往具备个性化的表达方式和艺术风格，这种风格往往能够投射到影片之中。对于大多数电影观众而言，他们并不具备校园欺凌的相关经验或经历，欺凌类电影或许是他们接触校园欺凌事件的重要途径，这使得观众容易对影片内容进行无差别的吸收与内化，以致部分观众难以有效地对影片的基本观点与立场进行把握，进而导致误差与偏移的出现，不利于电影现实意义的塑造与发挥。具有一定的影像知识以及艺术鉴赏能力，能够使观众抓住不同风格作品中的真正内核以及艺术倾向性，进而最大限度地减弱导演风格对于影片理解和把握的干扰，增强观众对影片立场与观点的感知能力与把握能力。此外，具备一定的影像知识和艺术鉴赏能力有助于观众对影片进行主客观相结合的理解，进而更为深入地对影像的立场与观点进行把握。观众在对影片进行解读时，难免会有个人经验以及主观认知的掺杂，在这种情况下，如果没有一定的艺术感知力和理解能力进行中和，难免会出现一定的认知偏差，呈现出对自我或者影像所表现出的极端化偏向。观众在掌握一定的影像知识与艺术鉴赏能力之后，往往可以更为理性地进行主客观之间的综合，进而促进自身对影像立场与观点的把控以及更为深入的理解和分析。

③具备独立思考的能力和理性分析的能力

独立思考和理性分析是一种思维模式层面的能力，对于正确把握影像的立场与观点来说，这种能力是必不可少的要素，唯有对影片进行深入思考、感悟和分析，才能够更为贴切地把握影片主体及其所要表达的意象的真谛。那么，如何才能具备独立的思考能力和理性的分析素养，关键在于抛弃固有成见、抵制集体无意识主义以及善于同现实相结合。抛弃固有成见要求观众摆脱固有思维与认知的禁锢，避免对影片和角色做出绝对化处理。对影片的绝对化处理往往体现为根据以往的观影经验和社会经验，对校园欺凌类影片的态度陷入绝对否定或者绝对肯定的两个极端，抛开电影所具备的艺术性、商业性与现实性等因素相互综合交织的特征，而仅对其中的某一特性进行深入挖掘，以此对影片进行过度解读或肤浅认知，使得在对影片的立场与观点进行认知时失去客观的立场，降低认知的科学性与客观性。对角色的绝对化处理指不顾校园欺凌的情境，以绝对的标准对影片中各个角色进行揣度。其中，最为典型的是对欺凌者以及旁观者赋予极为强烈的道德谴责，而将被欺凌者奉于完美受害者的行列进行无下限的倾向。事实上，从理性认知的角度来说，对影片角色的评价应当综合角色自身所处的环境、位置以及心理等特征,而非是以客观标准一以概之。不论是对影片的绝对化认知,还是对影片角色的固定化认知,都会使观众在对影片的立场与观点进行解读时有失偏颇,降低解读的最终效果。抵制集体无意识主义要求观众进行理性批判思维的应用与塑造,避免对群体意识进行迎合,进而降低对影片立场与观点的感知性与理解力。因此,对于观众来说,应当保持基本的辨别力和独立思考的能力,以便对影片进行最大化的理解与把握。对于校园欺凌类电影而言,尽管其往往与现实较为贴近,但是难免会带有艺术化的处理与创新,进而与现实产生一定的出入。从这一角度来看,观众应当在观影时树立与现实进行引证与结合的意识,尽管并未经历过校园欺凌行为,缺乏对其所具备的感性认知,也应当以现实的逻辑对电影进行考察,以最大限度地还原影片情节的真实性,除此之外,影片中进行艺术处理与渲染的部分往往恰巧是导演倾向性以及影片立场与观点的所在,因此树立此意识能够较为明显地提升观众对影片立场与观点的把控力与感知力。

可以说,把握相关电影的立场与观点对于校园欺凌的防治以及教育系统本身的优化都具有重要的现实意义,集中体现在对校园欺凌防治体系和防治思路的更新、充实与创造,以及促使教育更加具备开放性与综合性。

把握校园欺凌类电影的立场与观点有助于有效地发挥校园欺凌类电影的现实意义,提升校园欺凌类电影的普及度。对于电影艺术而言,往往因为娱乐属性而受到重视与关注,这一特性在通常情况下会使他人将电影视为娱乐工具,鲜少对其中所蕴含的教育意义以及现实意义进行挖掘。但是,对于校园欺凌类电影而言,一旦此类型的电影的立场与观点被较为明确地把握,那么其所具备的教育意义和现实意义将成为电影宣传的主流,不仅能够提升电影的上映次数和社会关注度,还能够对普通观众进行思维引导,使其在在电影的过程中尽量投以教育关注与现实反思,进而使校园欺凌现象在公众的视野中出现的更为频繁和广泛,调动起观众以理性认知的态度对其进行讨论的热情,进而有助于校园欺凌防治体系中社会一环的塑造。同时,把握校园欺凌类电影的立场与观点有助于对现实中所存在的校园欺凌现象产生一定的震慑。对于现实中的校园欺凌现象而言,大多数欺凌行为来自对此行为危害性的无知,甚至是在无意识的状态下进行的,因此,对校园欺凌类电影立场与观点的把握同样有助于欺凌者、旁观者进一步认识欺凌行为的危害，进而对自身的行为进行反思，而被欺凌者可以从电影中得到抚慰，意识到自身能够摆脱校园欺凌的可能性，能够从电影中所传达出的对被欺凌者的关怀与倾向性之中感受到善意，进而具有一定的勇气采取得以摆脱校园欺凌的行动，从此意义上而言，对电影立场与观点的有效把握有助于从根源出发对校园欺凌行为进行防治。此外，对校园欺凌类电影立场与观点的正确把握有助于为校园欺凌研究提供一定的事例依据。对于校园欺凌行为研究来说，校园欺凌行为所具备的隐蔽性使其很难被教育工作者所察觉，即使有所察觉，对此事件所进行的了解也难免有所疏漏之处，另外，教育工作者所能接触到的学生群体极为有限，很难搜集到足够的数据与资料进行研究，即使可以依靠新闻资讯获取校园欺凌的时事资料，但是新闻资讯所提供的信息难免存在一定的主观性、片面性和不系统性，较难还原校园欺凌事件的真正原貌，因而难以为校园欺凌研究提供系统的事例支持。在此情况下，对校园欺凌类电影的立场与观点所进行的正确把握，得以使电影所具备的相对全面性与客观性进入研究者的视野，成为研究者开展研究的重要组成部分，为研究提供一定的研究事例与数据，推动我国有关校园欺凌研究的进一步发展。

4. 提升青年学生的媒介素养

尽管如今的大部分青年学生在媒介环境中成长，对于媒介有着天然的亲近性与熟悉感，但是由于青年学生的身心发展尚且处于不完全阶段，所以仅凭青年学生对媒介的自行摸索是难以具备所必需的媒介素养的，甚至可能会误入歧途，走向更为偏颇的极端。因此，提升青年学生的媒介素养从本质来上来说属于时代的要求以及教育的任务，理应受到教育工作者的广泛重视。媒介素养的养成并非一朝一夕的事情，需要家庭、学校、社会等多方面的共同努力。家庭应把对青年学生媒介素养的培养意识根植于家庭教育之中，并在家庭教育行为中表现出来，以使青年学生在耳濡目染中提高自身的媒介素养。学校同样应当意识到媒介素养对于青年学生的必需性与重要意义，进而将媒介素养的内容融入现有思想政治课、语文课等进行学习，或者作为单独的信息技术课开设，为青年学生媒介素养的提升提供必备的校园环境。社会对于培养青年学生媒介素养的意识主要体现为媒介素养在社会上的传播力度，只有社会意识到青年学生具备必要的媒介素质的重要性，并对媒介素养这一概念进行推广，对良好科学的网络环境进行维护，才能够真正地对家庭与学校进行辐射，进而才能够真正形成家庭、学校与社会的合力，为青年学生媒介素养的提升提供必备的要素、条件以及环境。青年学生同样应该注重自身媒介素养的提高，加强自我学习和自我教育，积极参与相关活动之中，自觉提升媒介素养。

5. 强化青年学生的主体责任

在当今网络环境下，网络媒体不仅成为青年学生获取信息了解周围社会的重要渠道，网络媒体同样是青年学生表达观点以及信息再生产的重要手段及工具。由于自媒体在如今的媒介环境中具备较高的比重，尤其是其"先传播，再反思"的导向对青年学生媒介素养的形成产生不利的影响。因此，青年学生在强调个体话语表达的同时，应当对自身的信息生产以及对其进行的传播行为采取负责的态度，养成正确的媒介使用态度。通过学习最新媒介法律法规的进展以及基本的道德规范，加深对于媒介伦理的理解与反思。首先，青年学生在进行信息发布和转发时，应当运用责任意识来自我要求，对自己的媒介使用行为负责，不使用媒介传播谣言，不传播情绪化言论，不转发低俗信息，不转发垃圾消息，自觉抵制缺乏责任的媒介使用行为。其次，在媒介使用中，青年学生应控制媒介使用时长，摆脱对新媒体的过度依赖，多培养现实生活中的其他兴趣，增加现实生活中的社交联系。除此之外，在面对海量的良莠不齐的媒体产品时，青年学生应当对其进行基于自身需要的有目的性的选择，摒弃单纯寻找感官刺激和娱乐消遣的低层次需求，选择使用有利于自身发展的媒介产品。最后，在自我教育中，青年学生要明确传播者自身所应当具备的主体意识，担负起传播者应当具备的责任精神，提高自身道德水平和法制观念，强化正确的媒介使用态度，养成良好的媒介使用习惯。只有在青年学生对其所必备的媒介素养进行有效确立，才能够增强青年学生对于媒介的认知能力和操作意识，使其能够在校园欺凌事件中积极借助网络的力量对校园欺凌进行制止，而非是沉溺于网络之中进行无用的逃离与自我安慰。

6. 注重青年学生的参与输出

青年学生要形成完备的媒介素养需要足够的媒介接触以及媒介知识的充足储备。网络时代下，网络环境的开放性和信息的海量性为青年学生获取各种信息提供了极大的便利。在网络环境和时代背景下，青年学生应树立正确的心态，以真正开放、积极的姿态对新媒体所具备的特性进行有效掌控。这要求青年学生在进行媒介参与时应当把对自身媒介行为的反思放置于行为发生之前，使得参与网络媒介的行为处于相对的理想状态，使行为成为真正具备现实意义的行动，而非是情感的简单宣泄。同时，对青年学生参与媒介信息输出所进行的引导需要社会合力的参与，并非是仅凭青年学生自身的单打独斗。家庭教育应当注重言传身教，父母在进行网络活动时应当表现出一定的责任意识以及道德意识，使青年学生更为直观地感受到在利用媒介进行信息输出时媒介素养的可贵。学校教育可以将青年学生媒介素养的提升列入信息技术课程的教学计划之中，使教师从教材、思想意识以及实践操作等多个方面对青年学生进行教导，以提升青年学生所应当具备的媒介素养以及相应的意识。社会应当加强网络信息的营造、网络规则的制定以及网络立法的完善，营造出健康良好的网络环境，进而为青年学生媒介素养的提升贡献力量。只有青年学生具有较高的网络素养，才能够使得其所发布的校园欺凌信息简洁明了、重点突出且并无恶意夸大或者中伤诋毁，进而提升大众对于此类信息的敏感度以及责任意识，才能够使得针对校园欺凌事件所进行的评论立场正确且言语有度，能够为被欺凌者提供切实可行的建议以及真实可感的支持，而不再是网络暴力的发源地或者自身情感的简单宣泄。

7. 怀有真诚的教育关注

不论是电影从业者还是教育工作者，都应合理有效地对校园欺凌事件进行教育关注。从电影角度来说，电影在对校园欺凌现象给予关注时应当尊重校园欺凌事件的客观性，不应人为夸大某方面的矛盾。电影属于表达的艺术，从业者在对电影进行创作的过程中难免会掺杂自身的主观意愿与想法。但是大部分电影从业者并不擅长教育领域，因此，在对校园欺凌事件进行展现时难免会依据自身的人生经验以及艺术思想对校园欺凌事件进行人为扭曲，这一情况通常表现为故意放大某一方面的矛盾。比如，在《悲伤逆流成河》中，导演将"别人难以听到弱者的声音与诉求"这一思想不断扩大，以创造出黑暗青春期的态势。除此之外，对家庭因素的夸大、对学校因素的夸大等现象同样存在。由于电影艺术往往具有较强的传播性以及较高的感染力，其中传达的思想通过生动的影像进行演绎容易使观众在观看过程中进行吸收与内化，这容易使电影情节与现实情节所存在的偏颇得以复制到观众的思想意识之中，并在日常交往之中得以扩散，进而造成社会认知上对校园欺凌行为的误解。比如，如果将教师与学校的无为在影片中过度放大，就容易使观众对教师与学校的教育水准产生疑问，进而不利于教育工作者在社会认知系统中树立的自身形象，甚至会降低教育工作者的号召力，产生不良后果。因此，电影工作者应秉承服务社会、关怀教育的赤子之心以及持续学习、不断探索的意识，通过理性的认识和综合性的思考来降低电影情节与现实情况的出入，尽量客观真实地呈现现实生活中的校园欺凌现象。

从教育角度来说，尽管教育工作者在教育研究上具有较为明显的优势，但在对校园欺凌给予真诚的教育关注时同样需要注意三方面的内容，最大程度地发挥教育工作者应有的作用。第一，注重在教育实践中的落实。对校园欺凌现象的关注实质上是在理论上对其进行思考与构建并在实践上对其进行探索。因此，这要求教育理论工作者不断地对校园欺凌事件进行探索，并在实践中对自身所提出的理论进行检验与完善。对于教育实践工作者而言，必须将相关教育理论与自身长久以来的教学经验以及自身所具备的人生态度及价值认知进行碰撞与融合，进而形成相对个性化的体系构建。从此角度来说，不论是教育理论工作者还是教育实践工作者都应认识到实践的重要性，并将对校园欺凌现象的探索尽可能地落实到实践之中，最大限度地降低可能出现的错误。第二，给予的教育关注应当随着时代的发展变化而进行相应的发展变化。教育具有社会历史性，在不同的时代背景下呈现出不同的特征。校园欺凌现象在本质上隶属于教育领域的一个方面，同样具备一定的社会历史特征。

以网络欺凌为例，在网络进行普及之前，校园欺凌往往具备相对的封闭性，并且欺凌行为大多在欺凌者与被欺凌者的实际接触中产生，在有限的范围内进行传播。但是在信息时代来临之后，网络的普及使得校园欺凌在网络的影响下呈现出欺凌频率高、持续时间长、辐射范围大、影响持久深远等特点，欺凌者与被欺凌者的交锋不仅存在于双方现实接触之中，也同样存在于网络之上，除此之外，也使得校园欺凌对被欺凌者的伤害进一步扩展与加深，校园欺凌的后果在网络之上呈现得更多。因此，教育工作者在对校园欺凌现象给予合理的教育关注时，应当对其所呈现出的时代特征给予密切关注，不断地更新对校园欺凌的认知以及探索，以便真正地发挥教育工作者的力量，将对校园欺凌现象的关注真正地落到实处，使其具有较强的实践价值与现实意义。第三，对校园欺凌给予有真诚的教育关注应当具有多方面的综合性特征，兼具共性与个性。对于理论构建来说，当前针对校园欺凌防治体系的研究大多借鉴国外经验，在国外研究者的基础之上探索其在我国实践应用的多种可能。这本无可厚非，然而，不同的国家具有不同的教育体制和教育实际，存在着历史、社会、文化、观念等的差异性。因此，教育理论工作者在对国外校园欺凌防治机制进行探索借鉴的同时，要结合本国的教育实际进行创造性的建构。在此基础上，探究既具备世界范围内的共性特征，又符合我国教育基本情况以及社会文化的个性化校园欺凌防治理论与体系。对于实践探索来说，即使校园欺凌现象具备一定的共性特征，并且相关理论以及防治体系的构建都是建立在可以广泛推广的前提之上，但是，在教育实践工作者对其进行运用时，依旧应当具体问题具体分析，而非仅仅拘泥于对现行主流理论以及防治机制进行机械化的实践应用。

第五章 高等院校思想政治课质量评价体系建设

本章对于高等院校思想政治课质量评价体系建设进行了分析，主要从"高等院校思想政治教育评价体系概述""高等院校思想政治教育评价体系建设路径"这两个方面具体展开，以期更好地促使高等院校思想政治课质量评价效果与作用提升。

第一节 高等院校思想政治教育评价体系概述

一、高等院校思想政治教育评价研究

国家近年来出台了多个关于高等院校思想政治教育方面的政策性文件，对进一步改进教学方法、优化师资队伍、提高教学质量方面提出了更高的要求。其中，国家非常重视高等院校思想政治课程教学质量。近年来，随着高等院校教学质量诊断与改进工作的推进，各院校都在构建自己的教学质量诊改体系，为思想政治课教学质量评价研究起到了一定的指导作用。但对现有的研究成果和实践调查，笔者发现有关教学质量评价的研究虽然涉及学科较多，但很大一部分还存在一定的问题。

（一）概念界定

1. 质量

质量的哲学定义：是指无限永有，延伸义是在一个指定的空间内允许容纳的数量。事实上质量所定义的内涵其实就是质量的公理，而其外延通

常可以根据内涵来进行推导。

时间、空间和质量这三者称之为宇宙三要素。质量是作为三要素中最为重要的一个要素，事实上没有了质量那么就不会有空间，如果没有了空间那么就不会有时间的存在。

我们要正确地理解质量本身的含义，也就是说要明确"宇宙三公理"以及时间和空间这三方面的含义。具体含义如下：黑格尔在他的逻辑学中这样提出了质变到量变的过程，认为某物的质总是要依靠他物和他物的他物来进行规定，因此，某物成为一个别物，而别物自身也是一个某物，因此它也同样成为一个别物，如此递推，以至无限。这样下去，就会直接把某一种物规定的情况视为一种被规定者。事实上，这样的规定本身就不存在的。

2. 教学质量评价

教学质量评价是指对教学者的一种学术业务水平、教学方法以及教学态度等方面进行综合的评价。教学质量评价内容按照不同的标准也可有不同的划分，可以根据课堂教学要素或者课堂教学评价对象进行划分。首先我们要对高等院校教师的教学行为进行评价，在考核评价中我们要关注高等院校教师的教学准备、教学目标、教学方法和手段、教材处理、教学组织、教学管理等方面。其次，要评价学生的学习情况，学生的学习情况涵盖的范围较广、内容较多，它包括学习过程中学生的情况以及教学活动完成之后学生的情况，对学生学习情况的观察是长期持续的。因此，我们对智力因素的评价是必要的，但对情感、意志等非智力因素的评价也是不能忽视的，要注意对此类隐性因素的评价。

事实上，教育测量学中最基本的内容就是对教学过程进行合理的评价，现在来看还没有形成一个统一教学质量检验标准，事实上教学质量的评价是与多方面因素有关的，例如教学准备工作、教师的素质、教学过程中教学环节的配合情况、师生关系、学生的素质及学习态度、教学效果等方面。在对思想政治教育进行全面系统化、科学化的整理基础上，对教育教学价值进行评价，其目的就是通过评价来促进教育改革，不断提升教学质量。

以新时代背景下高等院校思想政治课教学质量评价为选题对象，首先，有助于实现马克思主义理论和中国特色社会主义理论的有效传播和推广。思想政治教育的目的之一是进一步实现马克思主义理论与中国特色社会主义理论的广泛传播和推广。此外，建立起更加科学合理的思想政治课教学质量评价体系，可以有助于更好地了解一段时间以来学生对马克思主义相关理论的学习情况，通过评价可以发现思想政治教育教学中存在的不足，然后根据现实情况，来推动理论广泛而有效的传播。其次，有利于进一步丰富高等院校思想政治课教学改革的相关研究，进一步丰富高等院校思想政治课教学质量评价方面的理论，以及为其他课程的教学质量评价的研究提供参考依据。再次，高效的评价可以促进高等院校思想政治教育工作的顺利开展，同时也保证了思想政治课教学质量。最后，提出了相应的解决措施，为其他学科的教学质量评价奠定了基础。评价体系的构建有一定的共通之处，因此，思想政治教育教学质量评价体系的构建，有助于社会其他领域制定科学的质量评价体系。

（二）思想政治评价的理论发展

21世纪以来，教学评价已被广泛运用于我国教育教学范畴，尤其是新时代背景下国家日益重视思想政治课教育教学工作。纵观我国学者对于思想政治教学评价的研究，可以发现国内学者对教学评价的研究最早在20世纪的80年代初期，但是与国外一些发达国家相比，依然处在较为落后的水平。近年来，我国学者对教学质量评价的研究越来越重视，主要是集中在教学质量评价标准的设定以及评价体系的构建，从研究方法上来看，更倾向于本土理论的构建，着重对各学院现实情况做了一系列的研究，也出版了一些与教育教学评价有关的文献，比如胡中锋所著的《教育评价学》一书中主要介绍了教育评价方法以及评价各类基础教育的内容，为我们提供了重要的参考依据[1]；荀振芳所著的《大学教学评价的价值反思》对评估的管理性价值以及教育性价值做了较全面的分析，指出了对高等院校教学质量进行评估有利于提高教学质量[2]。这些文献资料为本研究奠定了理论基础。

已有的教学质量评价研究的内容大多数集中在本科院校或某一具体学科。而以"高等院校思想政治课教学质量评价"为检索词，检索到文献资

---

[1] 胡中锋. 教育评价学 [M]. 北京：中国人民大学出版社，2016.
[2] 荀振芳. 大学教学评价的价值反思 [M]. 青岛：中国海洋大学出版社，2006.

料较少。由此可见，有关高等院校思想政治教学质量评价的研究还有较大提升的空间。

从现在收集有关高等院校教学质量评价理论方面的文献来看，主要是集中评价原则、方法、作用等方面，从具体情况来看：陈凤俭提出了在思想政治理论课教学中，需要充分地利用好评价主体，建议评价主体需要使用多元化，只有这样的评价才符合现实需要[1]。张德珍、常安琪等提出了一种多元化的教学质量评价方法，使用建模方法来构建教学质量评价体系[2]。有学者提出了应用KPI来对高等院校的教学质量进行评价，首先需要构建有利于教学质量评价的指标体系，尤其是关键绩效指标KPI，然后将新建立的评价指标体系应用于实际的教学评价中来，为更准确的评价课程教学质量提供参考依据。邓秀杰、张平增认为，建议使用复合式的BOM结构树来对教学质量进行评价，这样可以适合不同高等院校、不同的课程指标层次化评价模型，设计具体的算法，当然这个算法并不是不变的，可以根据需要进行调整，使其能满足不同时期评价，这是提高教学质量评价的一种较理想的方法[3]。兰全祥、刘小英认为使用多种教学质量评价方式有利于丰富教学质量的评价，同时按照不同的情况使用不同的评价方法，可以更好地提高评价的准确性。并且还需要采用定性与定量相结合的评价方式，按照不同的周期来做不同的评价[4]。还有学者认为有必要从教师的教育教学质量以及学生两方面来进行评价，对思想政治课教学质量进行分析，提出了评价的重要性。同时建议需要体现评价的准确性、完整性、科学性、客观性、公开性和原则性等。

在高等院校思想政治课教学质量评价现状及问题的研究方面，董亚平指出了教学质量评价对象的片面性、教学质量评价指标缺乏体系化等问题。闫学胜、刘玉玲提出了需要使用更加科学合理的评价主体，通过择优的评价方法，设计出更加科学合理的评价体系，以此来更好地对教学质量

---

[1] 陈凤俭. 多元评价在高职院校思想政治课教学中的研究与实施 [J]. 教育观察（上旬刊），2013，2（05）：76-77+90.

[2] 张德珍，常安琪，王营，等. 高校教学质量评价的一种敏捷建模方法 [J]. 中国教育信息化，2019（05）：81-83.

[3] 邓秀杰，张平增. 多媒体辅助高校思政课教学质量评价体系初探 [J]. 长春理工大学学报（社会科学版），2010，23（02）：147-148.

[4] 兰全祥，刘小英. 多元化教学质量评价方法研究与探讨 [J]. 攀枝花学院学报，2019，36（02）：113-116.

第五章 高等院校思想政治课质量评价体系建设

进行评价①。有学者认为，由于现阶段高等院校自身存在着基础薄弱、经费不足、师资力量不强、办学困难以及校企合作不够紧密等方面的问题。因此提出了需要通过多方参与到高等院校教学质量评价中来，从而保障政府能够转变职能角色、全面推动院校自主办学、完善社会评价以及建立起良好的人才培养标准等措施。还有学者认为，高等院校学生对高等院校思想政治理论课程认同中存在教材内容设计不合理、教学方法较单一、教师素质不高、课程评价体系不健全等方面的问题，因此，提出了需要强化教材设计、丰富教学方法、提高教师素质以及建立更加有效的评价体系。周进志对思想政治课教学现状进行了全面的分析，认为要想更加准确地评价教学质量，有必要进一步丰富评价主体，建立多元化的评价主体，具体而言可以是学生、领导、同事、行政管理者和社会大众等评价主体，使评价结果更全面②。同时，任何一种评价主体也有自身的缺陷与不足。只有实施综合性主体评价，方可趋利避害，扬长避短。赵杨银涛认为，需要加强评价后的信息反馈，促进可以更好地完善评价体系。

以上列出的这些文献资料，内容丰富、视角新颖，对笔者的研究提供了很多思考空间和灵感。

此外，需要特别注意到，英美等发达国家高度重视教学评价，对教学评价研究领域发表的文献较多，研究力度远高于国内。美国在《国家处在危机中：教育改革势在必行》（1983）、《不让一个孩子掉队法案》（2002）、《教育项目评价标准》（2011）等规范指导下，使得美国教师在教学评价方面更加科学化、规范化，评价效率更高了。英国在教学质量评价方面的也出台相关措施，如："全面系统考核教学评价"、"建立教师评价制度"等，为教学质量评价提供了重要参考依据。

西方有关教学质量评价的研究，力度远高于国内，涉及学科较多。外国学者较重视教学评价的有效性、合法性以及师生间的评价关系等内容，研究方法上倾向于多数据的建模实证研究。对于他们的借鉴，要根据我国具体国情取其精华，拒绝简单粗暴、照抄照搬。

---

① 闫学胜，刘玉玲. 高职高专思想政治理论课教学评价中存在的问题及对策［J］. 林区教学，2015（12）：77-78.

② 周进志. 高校思想政治理论课教学效果评价现状及其思考——以教学效果评价主体特别是学生评教为例［J］. 教育教学论坛，2013（36）：161-162.

二、高等院校思想政治课教学评价现状

（一）高等院校思想政治教学评价中的问题

1. 评价对象的片面化

教学质量评价是一个系统工程，教学效果如何是教学活动过程中各方面因素共同作用的结果。事实上，教学活动的质量与教育主管部门的管理、学校相关教学设施完善、教师教学能力以及学生的学习态度有关，那么这就表明了教学质量评价对象所具有的多元性以及全面性。通常而言评价对象包括了教师、学生、课程以及教材内容等方面的评价。但是现阶段的教学质量评价中，评价对象更多的是对学校教师的教学目标以及教学过程进行质量评价，而对于教学的上级领导管理、支撑系统以及环境系统等方面评价并不多见。

对高等院校思想政治课教学质量的评价，就是了解学生对该门课程理论掌握情况，以及现实表现情况。但现阶段，更加注重教学目标方面的评价，而对教学过程方面的评价较少，这样会很容易出现以偏概全，出现注重知识而轻能力的培养，同时在培养学生认识问题以及解决问题能力方面重视不够，在考核过程中存在一定的随意性。事实上，教学质量评价是属于一个较全面的系统工程，不是简单评价一下教学过程和学生成绩就可以得出结论的，因此过于片面化对思想政治课教学质量评价是不合理的，这样不利于教学目标的最终实现。

2. 评价指标缺乏系统化

评价指标是作为构建教学质量评价的元素，不同的评价指标所起到作用是不同的，因此建立科学合理指标有利于更好地准确评价思想政治课教学质量。通过展开系统化、多样化的评价指标，可以建立起更加全面准确的教学质量评价机制。

现有指标体系更多的是关注教师课程教学效果评价，而很少注重课外教学和社会实践方面的评价；重在教学要素的评价，轻于教学结构的评价。因此，现有评价指标缺乏系统化，评价准确性不够，评价内容不够全

面,注重点也不够。

3. 评价方式比较单一

当前部分高校过于看重对教师课堂教学的检查和考核,学生满意度所占的比例过重,缺少定量和定性的有效结合,评价方法的偶然性、局限性较大,难以真实反映学校思想政治课教学全貌。还有些高等院校把学生的考试成绩作为评聘教师和考核教师的重要条件,使得一些教师在出卷、改卷、赋分等环节频出状况。有的学校看教师的着装、提提建议,很难反映出思想政治课教学质量的整个面貌,具有很大的局限性。

多数高等院校更多的是以量化评价为主,量化评价通常是以数量形式来体现出客观性,事实上也存在一定的局限性。评价方法不同,其评价结果也不尽相同,最终的评价结果也无法反映出真实情况,因此单一的评价方法不利对思想政治课教学质量的评价,需要进一步丰富评价方法。

4. 评价目的有所偏离

思想政治教育作为全面落实立德树人根本任务的一种教育,是促使学生良好发展的一种渠道。高等院校开展思想政治课有两方面的意义,一方面让学生通过学习能够掌握基础理论知识,另一方面提高学生在思想方面的站位。最终目的就是能够帮助高等院校学生更好地树立起良好的信念,形成正确的价值观、人生观和世界观,学会运用马克思主义的立场、观点和方法来分析问题和解决问题。不但需要向学生传输科学的理论知识,同时需要提高学生的思想觉悟。从两者来看,一个是手段,另一个是实现的目的。事实上,很多高等院校非常重视理论知识的传授,淡化了学生思想素养方面的提升。其主要的原因就是思想政治课教学质量评价指挥棒没有起到应有的作用,把思想政治课教学质量评价看作是与其他课程评价一样的评价目的,也就是更多地要求学生多学习课程知识,而缺少对其产生实际价值的评价。从现阶段来看,思想政治课教学质量评价更多的是看成绩的排名,突出以成绩数字作为主要的评价功能。比如评优质课,通常是在每个学期末,将学生对教师的打分和督导听课打分作为评价的参考依据。而对于教师职称的评聘酬金的发放,也是根据一些不完善的指标来衡量的,另外还会参考论文发表数量等作为评价标准。事实上,如果一个思想政治课教师就算发表了再多的论文,但是在师德师风方面存在着缺陷和不足,哪怕有再好的业绩,自身不能以身作则,这样教师也不是好老师。评上好老师反而影响了其他教师的积极性，并且对思想政治课教学质量的提升造成不利的影响。

5. 评价课程特殊性有所忽视

由于思想政治课教学质量评价是属于一项非常复杂的工程，主要是因为思想政治课程本身包括了政治、科学、理论以及意识形态等方面的特点。在突出思想政治课具有科学性和理论性的基础之上，还需要体现出思想政治课所具有的政治性和意识形态性。事实上，思想政治课在性质上可以归入到意识形态价值教育这个范畴中来，其目的就是培养学生的政治理论素质，提高学生的思想道德素质。另外思想政治课的教育性质也决定了思想政治课本身的教学质量评价的特殊性，而现有教学却不能很好地体现出来，所以理论知识的掌握与实践应用也是非常重要的。高等院校大多忽视了这门课程的特殊性，而是以传统教学方式来授课，这样的教学质量与新时代高等院校教学质量需求存在较大的差距。

由于高等院校学生思想道德素质和能力的提升是属于渐进式的发展过程，通常是由教育对象的表现行为转变而来的，在时间上存在一定的延续性和滞后性，所以思想政治课教学效果不如理科那样可以及时见效。思想政治课教育是属于一个长期的教学过程，是通过日常的点滴积累逐步渗透才能达到目的。但是现阶段的高等院校在进行教学质量评价时，只看到眼前的利益，不注重长期性，没有结合课程的特点来进行质量评价，这样的质量评价效果是不理想的，是千篇一律的，而评价效果也不能真实反映教学水平。

（二）影响评价效果的因素

1. 学生因素

2019年，习近平总书记在学校思想政治理论课教师座谈会上的讲话中指出：思想政治课是落实立德树人的关键课程。思想政治课教学的核心理念是"以学生的发展为本"[1]，因此，学生是思想政治课教学质量评价的主体之一，既是学习者也是评价者。首先要通过考察学生的学习状态、学习

---

[1] 习近平. 在学校思想政治理论课教师座谈会上的讲话 [N]. 人民日报, 2019-03-19 (01).

过程、学习结果来评价教学质量。教师的教学效果最终体现在学生的发展状态上，体现出学生在思想政治课堂中的学习状态，也就是我们常说的学习主动性、学习积极性，学习态度和掌握的情况等。

从学生学习方式来看，学生所学掌握的知识基础水平以及思维方式等是作为高等院校思想政治课教学中最为重要的一种影响因素。因各个学生之间所具有的知识结构与文化背景有所不同，因此对思想政治课的知识点以及理解也会有所不同。如果学生所掌握的知识较丰富，那么就较容易理解新的知识点，从而巩固旧知识，增加新知识。但是对于一些基础相对不太好的学生而言，其对新知识理解可能就较差一些，所掌握知识也就没有那么全面。对于教师来说，对掌握知识较全面的学生教起来较轻松，而对基础不好的学生教起来则有点吃力。

从学生学习思维来看，由于不同的学生，其理解力、分析力和判断力等都会不一样，学生在思想政治课上的表现思维也是不尽相同的，特别是在理解与记忆方面。一般，如果高等院校学生大学阶段是以理科为主时，那么其思维能力较好，但是对于大学阶段文科为主的学生而言，其理解能力较强。在思想政治课教学过程中由于一些学生的思维不同，对教学质量也会产生不同程度的影响。

2. 教学因素

当前高等院校思想政治理论课教学在诸多方面存在不少困境，影响教学的顺利开展。一是对思想政治课认识上的片面性。由于高等院校领导者和教学者对思想政治课性质、内容、作用理解较为含糊。教师也缺乏了对经典思想政治相关深入研究，他们认为只需要教授课本知识就可以了，对思想政治课的实践教学不足，在教师眼里只需要将思想政治课的内容完完全全地传授给学生，就算是认真教学，这样就可以更好地培养高等学生了，为他们打下了良好的思想根基。这显然是太过乐观的看法，而事实上思想政治课是一门很有学问的课程，又是一门很"神秘"的课程，如果仅是按书本讲解知识会显得抽象、内容较空洞，学生学习起来也较枯燥。二是思想政治课教师队伍建设的不到位。比如有的是刚毕业的研究生，对高等教育的教学规律认识不足，其教育学、心理学等理论比较欠缺，对学生的思想缺乏深层次的理解，忽略了学生的主体意识，只顾自己一味教学，而没有考虑学生的感受。三是思想政治课教学方式滞后。高等院校思想政治课程教学内容与教学目标存在一定的脱节现象。教师为提高学生的学习兴趣，有时播放教学视频，然而学生所能学到的东西并不多，同时教师缺少对学生独立思考能力和创新能力的培养。

3. 社会因素

高等院校思想政治课教学质量与社会整体有很大的关系，从目前来看其对思想政治教学具有一定的影响。一是随着高考的扩大招生，教育体制方面的不够完善以及一些家庭教育存在误导，使得更多的学生把智育因素放在了第一位，对学生个人的行为习惯、人格健全以及思想道德培养不太注重。二是由于现在就业形势的影响，使得毕业生的就业竞争压力大增，一些社会吃香的专业课，如计算机、英语、通信等成为高等生重点学习的方向，而对于一些学生认为不紧要的课程则是出现了弱化现象，重视不够。三是信息网络化迅猛发展。由于网络多元化知识的学习，各式各样的内容都有，但受不良社会氛围以及网络内容的影响，对思想政治课教学也会带来负面影响，比如导致学生不能明辨是非，对国传统文化、人生观和价值观以及道德等都出现了一定的动摇。四是社会的快速发展，出现一些抵触情绪，不利于思想政治课教学。在市场经济快速发展的今天，分配方式多样化以及城乡经济结构之间的矛盾加剧，使人们有一种急躁的心理，也使得高等生对思想政治课教育产生了一定的消极影响，哪怕是再精彩的教学，学生也会不以为然，可见，社会风气对思想政治课堂的影响是很大的。

三、高等院校思想政治课教学质量评价的作用

（一）提高思想政治课教学质量

新时代下，高校亟须加快教师教学质量评价改革，不断完善教学质量评价制度。中共中央宣传部教育部提出了本科及高等职业学校专科课程需要根据不同学校情况以及培养人才层次，进一步提高教学质量，突出教学的针对性与实效性，在教学中突出多样化的评价方式，做好全方位的评价工作。

高等院校思想政治课教学质量评价的目的是，帮助教师更好地改进不

足，不断提高教学质量，为社会培养和输送更多的专业人才。而教学质量评价是作为全面检验人才培养的目标以及教学任务能否得到实现，教学内容的科学性，以此来更好地检验教学效果的一种手段。

（二）培养学生的综合能力

党的十九大报告中已经提出了如何培养具有担当民族复兴大任的时代新人的要求。事实上，思想政治课的教学质量评价也同样需要全面围绕培育时代新人这个目标要求，不断推动教学质量评价工作的长效性，促进思想政治课教学往更好的方向发展，使得培养出来的高等院校学生成为德智体美全面发展的应用人才。

要想突出培养人才的实用性，就要培养高等院校学生具有更高的思想觉悟，有责任感，有使命感。良好的思想政治课程教学质量评价，能够促使学生在三观、创新精神和实践能力等方面积极反思，具有十分积极的意义。

（三）促进教学诊断与改进

近年来，全国在大力推进高等院校内部质量保证体系诊断与改进工作，加强内涵建设，提高教学质量。要求各个院校都要立足校本特色，敢于探索，不断实践，构建高等院校三全质量保证体系（全员、全过程和全方位），先诊断，再分析，接着制定方法，然后进行评估，从而促进高等院校的管理水平、育人功能以及人才培养质量等都得到较好的提升。思想政治课教学质量评价是作为高等院校教学质量评价中的一个组成部分，评价结果作为教学决策的参考依据。

科学有效的思想政治课教学质量评价体系，有着丰富的教学质量评价内容，有利于高等院校进一步提升教学质量，同时也为其他课程提供诊断与改进的参考依据，使学院的教学诊断与改进工作进一步完善。

第二节　高等院校思想政治教育评价体系建设路径

一、思想政治教育教学评价的原则

（一）评价指标应更为多样化

就课程内容的整体安排来看，思想政治课主要是突出以马克思主义理论及马克思主义中国化理论为主，内容会涉及哲学、政治、经济、历史以及法律等各个方面。所以，单一的评价指标体系是难以满足所有评价需要的，事实上教学质量评价更多的是体现多维度的原则。通常而言这个维度是自评与互评相结合起来，结果评价与评价过程相结合起来，诊断性、形成性和中介性的评价相结合起来，从而可以更好地实现教师教学质量、学生学习效果以及教学管理保障这三个维度能够有机地结合起来，以此来更好创新思想政治课教学质量评价。

（二）评价的主体与客体多元化

评价主客体多元化，其实就是指在教学质量评价过程中多一点沟通与协调，在实际的评价目标设定中有必要将被评价者转化为主动参与评价，打破传统的单一评价模式。为了能够更好地实现评价，使得评价更加的全面性与合理性，有必要建立多元评价主体，这些评价主体可以由行政部门、学校领导、教育专家、同事、学生以及社会人员等组成。在确定评价原则中，需要明确不同的评价主体需要负责不同的评价项目。

教育行政主管部门是教育系统的官方管理者与监督者，对高等院校起到督促管理责任，其评估并不是针对某一个具体的思想政治课教师。但是，教育主管部门有权对高等院校的骨干教师、优秀教师以及优秀教案等进行总体质量的评价。学校领导作为一名学校的管理者，他是高等院校思想政治课教学的主管部门的负责人,负责具体的教育政策以及导向,例如在职称评定、课酬标准以及教学岗位考核等方面对教师进行全方位的评价。至于同行专家与同事,更多的是教学专业这个角度出发,通过听课等方面来了解思想政治教师的教学质量,并给予评价。而在校学生是教师的教授对象,对任课教师的教学情况较熟悉,学者可以在每一个学期期末对任课教师进行教学质量的评价。

除使用传统渠道来评价学生成绩外,因为思想政治教课存在着一定的特殊性与效果长期性,所以对学生进行思想政治教育的表现情况,需要进行日常的跟踪,这也是作为考查学生学习成果的一种方法。因此,根据学生管理部门以及校友会等渠道来对学生学习质量进行评价,使得教学质量评价更加的全面。从现有思想政治课教学评价情况来看,思想政治课教学评价通常有三种评价方式:一是学生学习评价,二是督导评价,三是课堂教学评价。从评价角度来看相对较为单一,评价主体为教师与学生。

现在许多高等院校通常使用学生在线评教系统进行教学质量评价,对学生学习效果的评价也较为单一,更多的只是对学生学习表现情况进行评价,用分数的多少来得出质量结论。此外,在评价过程中都是千篇一律,不分课程标准的差异性,也没有体现思想政治课教学的存在的特殊性。所以,通过多角度来进行评价,同时将其看作是多元化的评价体系,这是作为全面开展科学、客观以及合理的思想政治课教学质量评价一个重要前提。

(三) 评价的方法要动态丰富

评价者对被评价者进行评价时需要体现动态性与多样性的评价方法。必须改变过去一刀切的评价方式,根据不同学科的特点,使用不同的教学质量评价方法,实现定性与定量相结合的评价方式。为了减少量化,有必要将质与量两者间相结合起来。由于思想政治教育本身是较难进行量化的,即使能够实行量化考核了,但是也无法全面反映学生的思想政治素养。

在日常现实教学管理中,通常使用打分量化的评价方式,这一评价方式表明,量化评价方式能够起到一定的效果,这是值得肯定的。它之所以能够起到一定的效果,主要是由于量化评价是在一样的教育背景下,一样的评价标准和一样的评价主体下面进行的,并且取得的效果并非能够全面反映教师的思想政治课教学质量,而是作为其他考核的一种组成部分,通过评价可以更好地激发教师不断改进教学质量,有利于进一步提高教学风气。

但量化评价过程也需要与使用适当的"质化"评价相结合起来,也就是进行定性评价。定性评价是可以对被考核者教学情况进行定性的评价,从本质上可以体现出被考核者的整体面貌以及考核过程,一般而言,评价者按照被评价者日常表现情况进行动态化观察与分析,并进行对比,用评语的形式得出评价结果。比如教师是否敬业、是否关心学生、师生关系等都是无法进行量化的,只能通过定性评价。因此,教学质量的评价需要突出以定性评价为主,但是也需要结合量化评价,两者相结合才是最理想的评价结果。这样也有利于教师努力提升教学质量的同时,能够加强自我学习,端正教学态度,最终为教学质量提升而服务。

二、思想政治课教学质量评价的方法

借助评价结果的展现、反馈,可以了解体系自身现存的不足并加以改进,是实现建构长效全方位育人体系的必经之路。从受体对象的角度划分,高等学校思想政治教育育人体系的评价体系可分为对学生学习效果的评价和对高等院校教师教学效果的评价。

(一) 对教师教学质量评价的方法

1. 问卷评价

问卷评价法,可以让答卷者更好地表达自己的看法和意见,调查者能从问卷中获取有用资料。调查者在制定问卷过程中,要求每一项问题都需要有一定的逻辑性,题目应该简洁明了,让答卷者容易看懂,并且具有评价的针对性。

2. 自我评价

自我评价法是任课教师自己按照日常授课的情况进行科学判断,找出优点、发现问题的一种教学评价方法。事实上,在过去的教学质量评价中，任课教师更多的是被动地接受他人的评价，而自己不能参与到评价中来，这种状况不利于教学评价的公正性和合理性。通常而言自我评价法是属于一种较为人性化评价方法，通过这种评价方法可以更好地激发任课教师所具有的主体意识，增强教师认知能力，不断促进广大教师更加积极地面对教学活动，不断转变教学观念以及教学技巧。一般情况下，自我评价法具体使用是：先由院系或者教研室等部门来开展相关评价活动，然后再由各个任课教师来对自己教学情况进行总体汇报，查找还有哪些不足，然后提出改进措施。

3. 专家或者督导评价

专家（督导）评价法其实就邀请教育行业相关专家（督导）、学者来做出专业评价。学校可以根据实际需要建立专家评价小组，安排具体的听课时间、人员、地点、要求等。由评价小组来进行课堂听课，并且查阅教案情况、作业批改情况等，了解教师教学情况以及学生反馈的意见，同时需要与教师本人面对面交谈，综合多方面评价意见，还要做好学生测试工作，总之，要进行全面具体的分析，才能做出结论。

4. 同行的评价

这里的同行，是指同事。通常是指邀请任课教师的同事来对其进行教学质量的评价。因为教师之间相对较为熟悉，教学能力较好了解，特别本学科的同事，他们对于本学科的教学目标、内容以及方法都非常熟悉，所以，让同事来进行互评价可以更好地体现评价准确性，并且也有利于教师相互间形成较好的学习与交流，从而可以更好地提升教学队伍的总体水平。具体评价方法是：教师间相互听对方的课，利用教研活动等多种形式进行互评。但是需要做到客观真实，通过互评可以发现优缺点，为进一步分析提供参考依据，也为今后的改进提供方向。

5. 学生的评价

事实上，学生评价法是一种较为常见的评价方法。学生是作为高等院校思想政治课教学的对象和受益者，对教师教学质量最有见解。例如通过向学生发放问卷、与学生谈话等多种形式来对教学质量进行评价，听取学生对课程内容、教师素质、教学方法、教学手段、学生作业批改、辅导答疑、实践教学等方面意见。这可以作为评价的参考依据。

此外，针对高等院校教师教学效果的评价还要注意以下两个方面：一是在院系评价工作中，务必要制定量化的具体指标，尽可能地消除评价时的主观色彩，提高客观性，将高等院校教师在课程、科研、实践、文化、网络、心理、管理、服务、资助、组织等方面工作完成与落实情况纳入评价指标之中，对全方位育人体系的落实情况进行检验。二是动员学生的主体性力量。高等学校要将每一个班级作为一个单位，以学生为评价主体，以高等院校教师工作作为对象来进行评价。同时，为了确保学生对高等院校教师评价结果的公正、公平性，学校可以采用匿名投票、网络投票相结合的方式来组织评价活动，并且将两种评价的结果进行横向对比，获取更加客观的最终的评价结果。

（二）对学生的学习质量评价的方法

首先是学生自我评价法。学生根据自己的学习情况进行自我总结评价。使用这种方法来评价，有利于学生形成自我评价、自我教育以及自我学习能力。学生对自己的评价虽然存在着个人思想，但仍然可以作为评价方法的有益补充。评价方法通常可以用学生互评、自我总结、师生交流等方式来进行。

其次是形成性评价法。该方式通常有三种：第一种是开闭卷考试相结合。第二种是笔试与口试考核相结合的形式。笔试考核可以选择形式多样的题型，题材覆盖范围要广泛。第三种是平时考核与期末考核相结合起来。对于平时考核有必要通过更加灵活以及形式多样的考核方式，比如举行课前活动、自学、线上答题以及社会实践等活动，表现成绩也作为课程考核的一部分。

最后是综合评价法。要从多角度、多层面对学生进行立体的客观评价。不仅包括学生的课堂表现，还要重视其在课外活动的表现，将学生的平时成绩和期末考试成绩作为综合考核成绩，也要将考核成绩与学生的日常行为表现结合起来。

需要认识到思想政治教育具有阶级性、政治性，其最为根本的问题和关键是如何把思想政治教育工作的内容由外在规定转变为学生的内在需求。首先，打破以往以定量考试成绩为定性标准的错误导向，在这个过程中要创新评价方法。其次，将静态考试成绩与学生成长的阶段性动态变化相结合，将重点放在非认知领域，以课程成绩为核心，利用调查研讨、专题作业、时间观察等多种方式为辅助，对学生进行全面评价。同时要拓展评价内容。最后，将生硬的理论知识与开放性的实践应用相结合，以启发联想代替死记硬背、生搬硬套，实现学生学习由认知向认同、由他律向自律的转化。

三、高等院校思想政治课教学评价开展建议

在这里，本书针对评价课程特殊性有所忽视、评价方式单一、评价对象过于片面化等方面的问题提出相应的建议。

（一）转变评价观念

为了建立更加科学有效的高等院校思想政治课教学质量评价措施，首先需要转变教学评价理念，在新时代应使用新的教学质量观。由过去的科学本位评价向现在的能力本位评价转变，加强对学生职业能力的评价，将学生创新发展各方面纳入思想政治课教学质量评价中来。

首先，需要突出以人为本的科学质量评价观。高校要注重教师个人的发展，鼓励师生及时改进不足，促进教学质量进一步提升。高等院校思想政治课教学质量评价通常根据国家的政策以及对人员培养需求，然后制定具体的教学评价方案，充分地利用教育教学评价理论以及方法等来对教师的综合素质以及教学过程等进行评价，同时还需要对学生的学习成果、取得的成绩等做出客观公正的评价。

其次，需要坚持发展性的评价理念。为了能够更好地提升教学质量评价的准确性与权威性，有必要强调"学生本位"，采用发展性理念来确保整个教学过程的质量。因此，在进行教学质量评价时需要体现主体的主动性，多关注学生的发展，多鼓励学生能够参加创新活动，培养学生创新性的思维意识。

最后，需要树立起"职业性"评价理念。对于思想政治课教学质量方面的评价，有必要体现出工学结合模式，突出以就业作为指导方向，以服务作为宗旨，进一步提高劳动者素质，加大技术人才的培养。同时还需要结合高等院校自身的特点，建立有自身特色的办学理念，将办学理念与教

学质量相结合起来。要重视思想政治课程教学，发挥教师应有的教学作用，努力培养出学生具有更高的职业能力，为社会输送更多的有用人才。

（二）完善科学合理的评价体系

在新时代背景下，高等院校同样需要建立起与时代发展相适应的思想政治课教学质量评价体系，具体而言就是需要明确科学的评价目标，构建科学合理的评价指标体系，分析评价主体所具有多维性与综合性，不断优化思想政治课教学质量的评价运行机制，以及完善教学质量评价反馈机制等。教学质量评价体系主要根据思想政治课教学质量考核中所需要明确的基本原则，以教育部下颁布的条例作为建设标准，同时还需要结合各个高等院校现实情况，突出学生的主体性和教师主导性教学原则，使得高等院校学生可以从中学到更多的知识。

1. 促使评价目标科学化

高等院校思想政治课的课程目标其实就是为了更好地帮助高等院校学生树立起正确的思想信念，形成正确的人生观、价值观和世界观，学会用马克思主义的立场和观点来解决现实中的问题。高等院校的思想政治课教学质量评价终极目标就是促进教师往专业化发展，使学生的综合素质得到较好的提升，实现师生共同进步。首先需要建立动态监控体系，及时发现问题；其次是做好相关的跟踪和调适工作，不断修复设计中存在的不足；再次是需要将正负激励相结合，实现更加科学的发展。而现阶段思想政治教学评价通常较为注重结果的排名，同时还需要强调数据与鉴定方面的功能。从多方面来考虑和分析教学质量，定性与定量相结合，使得评价更具有全面性，评价结果更具有说服力，以此来调动广大教师的积极性。

2. 建设评价指标体系

高等院校建立起科学的评价指标体系是作为思想课教学评价一个关键问题，同时也是思想政治课教学质量评价的重心所在。我们需要建构一个科学系统的评价体系，选取评估指标，明确评估标准，落实责任，细化评分细则。虽然现阶段还没有形成操作性强、设计合理以及统一的思想政治教学质量评价指标体系，但是，高等院校也是能够按照2015年教育部印发的《高等学校思想政治理论课建设标准》以及结合各个高等院校的特点，建立起有利于课程质量评价的指标体系，为教学质量评价提供重要参考依据。

建议指标体系的设计需要满足这几点：一是高等院校思想政治课程教学评价指标要与课程教学目标相一致，一定要把握时代发展方向，以突出学生全面发展作为重点；二是所设计指标一定要具有完整性，可以更好地反映教育目标，不断反映思想政治课教学中的现实客观事实以及客观因素；三是指标体系尽可能地符合实际教学需求，让广大教师都可以接受，具有可行性；四是建立合理的评价标准，假设评价标准太低，那么就不利于评价教师水平，而过高又使教师无法达到，因此必须以实际为准绳，以激励为目标，最终目的就是提高教学质量。

从组织领导机构的构建情况，学工团委干部队伍、专任教师队伍、辅导员、班主任队伍的建设情况，课堂教学、课外活动情况，思想政治教育活动开展情况，校纪校规、校风学风建设情况，家庭、社区等环境育人工作开展情况，设施设备、经费保障情况7个方面来设置一级考核指标。

细化一级指标，从领导机构设置、责任落实、专任教师队伍、辅导员队伍、思想道德与法治课课堂教育教学、形式与政策教育、心理健康教育、社会主义核心价值体系宣传教育、实践育人、校园文化建设、网络思想政治教育、就业与创业教育、校园周边环境治理等方面设置二级考核指标。

全方位对高等院校思想政治育人的相关部门、思想政治专任教师、辅导员、班主任及学生进行评定，根据考核综合得分进行排名，设置奖项并进行表彰。在评定时，充分考虑各种情况，如对学生进行评价时，就要考虑到学生的文化素质、思想水平及纪律意识等，在对教师进行评价时，就要对教师所使用的教学内容、教学手段及教学效果进行综合评价。要完善相关管理制度，细化每项工作得分，从而得出最为科学、严格的评分细则，对意识形态育人工作进行科学合理的评价。

具体而言，高等院校思想政治育人考评体系，要遵循教育的客观规律，立足高等院校实际，针对学生的思想特点和发展需求，整合一切可利用的教育资源，构建和完善具有鲜明时代特征的评价系统。思想政治育人考核评价体系主要从内容体系、创新体系和队伍体系来进行构建。抓好"两课"教育，系统规划实施入学教育、国防教育、形势与政策教育、社会实践教育、职业道德教育、心理健康教育、就业与创业教育、法制安全教育等，帮助学生树立正确的世界观、人生观、价值观、道德观和法治观，促使学生全面、健康发展。通过开设心理健康教育课或系列讲座，提高学生解决自身心理问题的能力，为学生提供个体心理咨询服务。及时解决家庭经济困难的学生思想、心理及经济方面的实际问题，为他们提供贷款、奖助学金、勤工助学等帮扶活动。开设就业指导课和就业创业专题讲座，提高学生素质和就业竞争力。对学生进行主体性思想教育，培养学生主体意识、自主能力和创造才能，通过与学生进行双向认知、平等交流以及切实解决学生实际困难，培养学生自我管理的能力。通过"三进"——进网络、进社团、进学生公寓，"三寓于"——寓于校园文化建设、寓于课堂教学、寓于日常管理，"三体现"——体现在为学生进行心理健康教育、就业指导、排忧解困等方面，来创新学生思想教育工作的手段。建设一支"双师型"的教书育人专兼职队伍，建立一支以学生思想政治工作为主体的辅导员、班主任和党政工团干部参加的专兼职队伍。同时，意识形态育人要与严格的管理制度相结合，以增强学生的纪律观念和法治观念，使他们养成良好的行为习惯。思想教育应贴近实际、贴近学生、贴近生活，实现学生根本利益，促进学生全面发展，努力提高思想教育工作的针对性和实效性。

高等院校思想政治考核评价指标体系，如图 5-2-1 所示。

需要注意的是，教师的教育过程与学生的学习过程同样都是属于评价的内容，并且"教"是质量评价的重点，因此在对思想政治课教学质量评价过程中一定要突出以教学作为切入点，考核教师是否有制定周全的教学计划，是否有目的组织学生进行有效的学习活动，能否达到预期的目标。

（1）教学准备和教学研究

教学准备通常有包括如下工作：首先制定教学大纲、集体备课、建立教学台账、准备教学资料等。集体备课的好处就是可以使教授同一课程教师都可以形成统一教学标准，通过集体备课可以加强教师间的相互交流和取长补短，同时对课程教学规划和教学方法都可以进行共同探究。其次是课件与教案工作，其作为开展课题教学的一个重要元素，所体现的完备性与质量高低情况，都会对课堂教学工作的顺利开展产生重要的影响。

（2）教学能力

教学能力通常而言包括了教师处理教材的能力和对教学内容方面的重

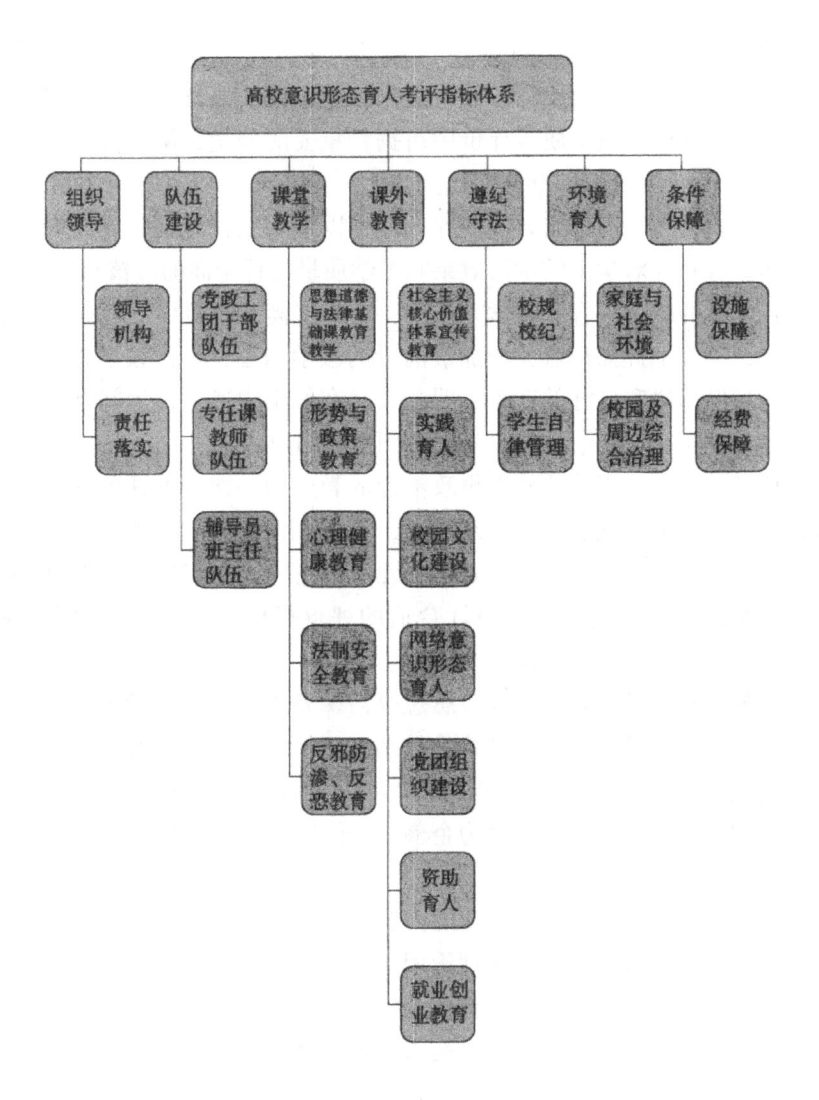

图 5-2-1　高等院校思想政治评价指标体系

构，还都需要具备教学设计的能力，要加强教学方法的运用与教学手段的优化，这是教学中的最基本要求。具体而言就是要求教师对教学内容进行重构，力求表达精准，重难点突出，层次分明，思路清晰，内容新颖等。

(3) 教学过程及学习效果

由于教学过程和学生学习效果是作为思想政治课教学质量监控的一个重要内容，因此在教学质量评价中占据较重要的分量，从量化指标权重来看分值为 60 分（满分 100 分）。

有必要从教学内容与方法、评教过程以及实践教学这三方面来做好评价工作。有必要对学生的学习效果和教学质量进行全面的考核和分析。

在实际的教学内容和教学方法中，有必要涵盖到具体的教学重点和教学难点，准确把握知识点，增加最前沿的教学内容，丰富教学材料，培养学生的启发思维和良好的动手实践能力，在教学中通过师生间互动，提高课堂的教学氛围，让学生可以从中学到更多的内容。

评教是作为对高等院校思想政治课的教师做一次全面评价的体现，评教过程需要从多角度、多主体来着手，以多元评价为主，评价主体可以是学生、督导、同事、专家、领导等多元评价主体。在实际的评教过程中一定需要结合教师的现实情况设计合适的评价指标，使指标教学目标相一致，从形成一个有机的整体性。

此外，实践教学是作为检验思想政治课教学成果的一种体现。思想政治课教学有别于其他学科，其特殊性是在于学习在学校，而知识实践应用却是终生的，尤其是一些已经毕业的学生，他们将学校中所养成的良好道德品质用在实际工作岗位上，为企事业单位树立良好的形象。

(4) 职业素质和科研素质

教师目的就是教学，而教学的内容是否能遵循马克思主义理论素养的要求，以及能否将马克思主义理论用于实际问题的解决，主要是看教师是否具备创设教学的能力，是否具备调动学生积极主动性的能力。从教师的教学态度来看，主要与教师作风是否严谨、教学能力是否强、师生关系是否和谐等方面有关。

对教师的敬业精神的评价十分重要。对教师进行多方位的评价，是作为构成教学质量评价的重要环节，而在实际的教学过程中，通常是强调在校学生的评价与教学过程的评价，而对于毕业后学生对课程的反馈评价则容易被忽视。所以，建议在教学质量评价中增加毕业后学生对思想政治课的评价，这样可以使得评价更加的全面性。

3. 完善评价主体体系

教学评价的目的是更好地调动教与学两者间的积极性与主动性，从而可以实现教与学同步提升质量,"评"是起到教与学的督促作用。

由于单一的评价主体会存在一定的片面性与偏见,因此需要从多角度和多渠道来对教学质量进行评价。

思想政治课教学质量评价主体要体现出多元化。例如可以是教师本人、学生、同事、领导等,也可以是企事业单位以及社会的一些有关部门。多元化评价主体可以使评价更具有全面性,不同角度会给出不同评价结果。因为思想政治课教学效果在于长期表现,而不是短期的结果,所以为使评价更具有准确性,需要形成一个多元化的评价体系,从而可以实现评价结果公正性和客观性。

4. 评价运行机制良好发展

良好的思想政治教学评价机制有利于保障评价体系的运行,机制是作为实现教学目标、落实教学任务以及进一步提高教学质量的重要保障。通过思想政治课教学质量的评价运行机制,可以促进每一个环节都可以得到真正的实施,全面落实到位,使得相关的评价主体能够一起参与进来,做到人人皆知、深入人心。在实际的思想政治课质量教学评价过程中,突出以培养目标作为主线,更加注重教育目标方面的实现,落实相关的教学计划,使教学目标、教学任务得到落实和实现。建议由教务处负责来组织与计划的工作,由学校督导办负责制定评价具体内容和评价标准的工作,而各个教学团队和教学秘书则负责教学评价资料的发放工作,做好信息资料的收集工作和相关数据的统计工作等,使整个运行机制得以正常实施,保障教学评价工作的顺利开展。

5. 评价反馈机制得到创新

有评价就会有质量评估反馈机制,这是作为保障思想政治教学质量的一个重要体现,有必要从多方面来设计,实现多元化的保障机制。

需要注意的是,要处理好师生之间教学质量反馈信息。高等院校学生是作为培养的对象,其反馈信息具有重要的价值。在思想政治课教学质量评价过程中,高校一定要对其给予重视,对于反馈合理的信息需要采纳,而对于不合理的信息则可以保留意见。

教师是教学过程中的一个重要组织者、指导者,也是教学的实施者。教师是与学生最亲近接触者,对学生的学习情况较为熟悉,因此需要重视教师意见的反馈工作,这样可以更好地提升思想政治课的教学发展,同时也有助于教学管理者从更深入的层面来了解思想政治课的教学需求。另外还可以从学校、社会和企业等方面来获取反馈信息，建立信息反馈数据库，同时联系评价对象，更好地了解学生的学习情况、实习表现情况等，为更准确评价教学质量提供参考依据。

需要认识到科学的评价机制能够通过对执行过程和执行结果的评估、总结，给予系统以正向反馈，从而得出改进策略、方法以促进系统升级完善，推动系统的健康可持续运行。比如，中国人民大学在本科人才培养过程中，设计制定了以学生成长阶段为线的学生课外综合管理评价系统。北京林业大学通过实施"青蓝计划"强化评价激励机制，对思想政治教育育人过程、质量效果和学生的获得感三个维度进行综合考评、立体分析，以此提升教职工人才培养能力。

（三）建立评价的相关保障机制

高等院校思想政治课教学质量的评价不但需要树立起良好的观念，同时还需要有良好的保障机制。只有这样才能保障质量评价的顺利实施，具体而言需要加强内涵建设、领导重视和管理到位。

1. 加强内涵建设

高等院校要想在未来发展中提高竞争力，树立起教育品牌，扩大国际交流，就需要加强内涵建设。良好的思想政治课教学质量是学校发展的关键，这关系到培养社会接班人的问题，关系到国家安定和社会经济发展，同时也是高等院校教育可持续性发展的问题。可见，学校加强内涵建设的重要性。

2. 主管领导加强重视

在新时代背景下，高等院校教学主管领导一定需要高度重视教学质量，严把质量关，将质量贯穿到整个教育中来，实实在在地做好每一步工作。领导要经常性亲自参与教学督导工作，各二级院系领导同样需要重视教学指导工作，不断激励广大师生员工积极投入思想政治课教学质量的建设中。领导要多关心、多过问思想政治课的教学工作，充分尊重教师的工作，使教师能在教学中形成一种成就感，对教师教学质量实行多样化的评价，使评价结果更人性化和合理化。

3. 管理到位

高等院校思想政治课教学质量评价体系的构建是属于一个系统性的工程，不但需要建立完善的教学档案，为今后的评估工作提供定量与定性的参考依据，同时还需要落实各个工作环节，只有这样才能更好地准确评价教学质量。所以在教学中一定需要管理到位，严格落实教学计划、加强教学质量考核，以主人翁的态度来处理好思想政治课教学质量中遇到的问题，建设数字化智能评价系统，为高等院校思想政治课教学质量评价提供一个全新的平台，使评价更加先进、快捷。

（四）建设全面的评价监控体系

为了能够更好地保障评价的真实性、有效性以及合理性，需要结合保障需要，通过建立学生思想政治管理的专门机制和强化思想政治课教师的评价队伍，以此来形成质量评价监控体系。

1. 建立学生思想政治管理的专门机构

事实上，高等院校的思想政治课教育不仅需要做好理论教学工作，同时还需要加强学生日常德育和行为管理规范。那么就需要全体师生一起参与进来，建立专门的思想政治教育机构，建议由学校的党委书记牵头，各学院的团委和教研室等作为成员一起参与进来，其目的就是达成一致教学理念，形成上下联动，全员共同参与的管理与监督体系，唯有这样才可以达到预期的教学效果。

（1）加强组织领导，构建管理体系

设立以学校主要负责人为组长的高等院校思想政治育人工作领导小组，开展依法治校、国家安全、反邪防渗、反恐、爱国教育等活动，设置与系行政同级的思想政治理论课教学科研二级机构，把思想政治育人纳入人才培养方案中，明确各部门的权利与义务，做到分工明确、责任到人，才能实现思想政治育人工作的规范化管理。

（2）加强队伍建设，构建管理团队

独立设置团委、学工部，配备足额党政工团干部，密切配合团委、学工工作。按照师生比不低于1∶400的比例配备意识形态育人的专任教师，不低于1∶5000的比例配备专职心理健康教育教师，每学年至少安排14次专任教师参加社会实践和学习考察活动。按照师生比不低于1∶200的比例配备足额专职辅导员，设置专业班主任，建立考核体系，落实辅导员、班主任待遇。学生思想教育工作的主要责任人是辅导员和任课教师，因此对他们素质和综合能力就有了很高的要求。首先，他们要具备扎实的思想理论知识及科学知识；其次，一定要具有良好的判断力及心理学知识；最后，必须以身作则，起到良好的带头、示范作用，为学生树立正确的人生观、价值观、世界观奠定基础，最终促进学生综合能力的全面健康发展。

(3) 加强教学管理，构建教改体系

课堂是实施思想政治育人工作的主要地点，把思想道德和法制纳入各高等院校重点课程建设，使用统编教材，强化教学管理，设置专项科研课，深化教学改革。把形式与政策教育、心理健康教育、法制安全教育作为必修课列入人才培养方案中，并落实规定的课时和学分，开设各类讲座。教师在教学中不断修订教学方式方法，增加学生对课堂的认同感，提高教学效果。在教学过程中，积极地引入生活中的时事政策及与学生生活相关的各种社会话题，并组织学生进行探讨，通过这些学生感兴趣的话题的探讨，进而使学生的思想道德素质、法律素质、心理素质得以提高。

2. 要强化教师评价队伍建设

高等院校需要构建一个具有权威性、公正性以及专业性的教学质量评价团队。主要工作职责就是对思想政治课做好督教和评教，不是为应对检查，也不是搞什么形式主义，而是确确实实为了提高思想政治课教学质量，全面发挥出思想政治课堂的应有功能，否则就失去了思想政治课教育应有的意义。

3. 完善考核评价的条件保障

随着互联网的高速发展，学生易受各种不良信息的干扰。显然，高等院校思想政治育人非常有必要，但思想政治育人的开展也存在很多的问题。加强对高等院校思想政治育人的考核评价，既是检验思想政治育人成效的需要，也是改进思想政治育人的需要。新时期，高等院校思想政治教育评价的条件保障可从以下三个方面着手。

(1) 完善制度建设，增强规矩意识

建立健全高等院校规章制度，引导高等院校学生讲政治、守规矩。建立学生申诉机构，公正合理处理学生事件，规范学生日常行为，增强学生自我管理能力。完善思想政治育人工作的各类预案，促进有序应对各类

"危险源"的侵害。

（2）加强群防群治，构建育人文化

强化校园及周边环境治理，培养学生的自我防护意识。与家长保持密切的联系，互通信息，形成良好的育人环境和氛围。

（3）加强硬件建设，构筑防范平台

设立高等院校学生心理健康咨询室，投入必要教学、科研硬件设施，划拨专项经费开展法制、安全等专题讲座，从设施设备和经费方面全面保障高等院校思想政治育人工作的开展。

4. 发挥相关的评价合力

为了全面了解和准确把握高等院校学生的思想状况，笔者从学生的学习观、生活观、恋爱观、就业观和思想政治观五个方面进行了问卷调查。调查结果显示，高等院校学生的主流思想素质是积极、健康、向上的，他们关心国家的前途，能够意识到个人的命运和国家的发展是息息相关的，有较强的爱国意识和社会责任感。在思想政治方面，他们热爱党，热爱社会主义，坚决拥护党的路线、方针、政策。在生活和学习中，他们思维活跃，有较强的自尊意识和成才愿望。

但是，在新时期新阶段，社会开放和价值多元化使高等院校学生的生活和成长环境发生了巨大的变化，伴随着我国市场经济和改革开放的不断深入，各种文化思潮和价值观念冲击着他们的思想，某些腐朽落后的生活方式也侵蚀着他们的思想。部分高等院校学生存在理想信念淡薄、社会公德意识差、职业道德意识弱化、人生观和价值观呈消极下滑态势的问题。在日常生活和学习中，同学之间时常发生不文明的言语和行为，考试作弊现象屡禁不止，逃课旷宿也是大有人在，还有一些学生衣着不得体、装扮怪异，与学生身份不符。

高等院校学生诚实守信意识、社会公德意识总体较好，但在具体行动上却存在着道德行为滞后于思想认知水平的情况，说明学生与社会和市场经济相适应的道德观念正处在养成中，要把学生思想教育工作落实到日常生活中，加强思想教育的针对性和实效性。高等院校学生对专业学习的要求较高，希望能够掌握过硬的专业知识和技能，在就业竞争中占优势。但同时也存在实用知识至上，人文知识欠缺的弊病，大量存在考试作弊、逃课、上课聊天玩手机的现象，更有学生不愿意学习，沉迷于网络游戏、恋爱，或干脆无所事事，虚度光阴。学生接收了网络中有害、虚假的信息，使他们的理想信念和价值观发生了偏离，造成了学生道德人格的缺失，对学生身心健康和人际交流产生了不利影响。

通高校要过构建思想政治育人考评体系，开展教育活动，加强组织领导，营造"学校—社会—家庭"三方合力的良好育人环境，充分发挥"三支队伍"在学生思想教育工作中的积极作用，做好党团支部的组织建设工作，发挥学生党员的引领带头作用。通过开展社会实践活动来增强学生自我管理、自我教育、克服困难的能力，充分发挥社会实践的教育功能。要充分发挥思想政治专任教师的课堂教学育人功能，高校要通过开展心理普查活动、开设心理健康课和开展心理咨询活动等方式来增强学生心理承受能力，培养学生健康的心理素质。要主动占领网络阵地，全面加强校园网建设，使网络成为弘扬主旋律、开展思想政治育人工作的重要手段。要通过实施"三贴近"原则，紧密联系学生在学习、生活、就业中的实际需要和现实问题，解决他们的实际困难，同时，树立全面、全员、全过程育人的思想教育意识来增强思想政治育人的针对性和实效性。从近几年的考评工作来看，学生思想素质得到了全面提升，学风、班风有了明显改善，逃课旷寝率有所下降，学生参加校园活动和社会实践活动的积极性大大增加，日常行为规范明显好转，思想政治育人工作效果显著。

综上所述，本书根据当前高等院校思想政治课教学质量评价存在的问题，提出了针对性对策和实施方案，得出的结论包含以下几点：

第一，高等院校思想政治课教学质量评价必须围绕立德树人的育人目标及要求，各个职能部门及思想政治教学受学院领导及党委统一指挥，形成科学合理的高等院校思想政治课教学质量评价体系机制。领导必须高度重视，教职工及学生要全员参与，为思想政治课教学质量评价构建校内全员、全过程、全方位的质量保证制度体系。

第二，高等院校思想政治课教学质量评价体系构建要科学合理；在建设方案的制定上既要结合学院自身的特点，又要与新时代的要求相一致；在实践过程中要加强领导的引导，强化偏差的修正，注意相关保障机制的有效性；在建设方法上要注意信息技术的使用。

第三，高等院校思想政治课教学质量评价应突出职业特色，全国高等院校众多，地域不同，办学理念也多有差异，在专业设置和课程安排上都有着本学院的办学思路和人才培养目标，这些都会导致思想政治课教学质量评价体系构建上有差别。因此，针对不同区域的高等院校，应构建科学合理的思想政治课教学质量评价体系，并对体系不断加以完善。第四，思想政治课在性质上属于意识形态价值教育的范畴，思想政治课教学质量评价有着自身的特殊性和复杂性。本书提出的某些建议对策，虽然尽力以实践性、实用性为基础，但在实际实施过程中难免有空泛之感，笔者将会在这方面继续深入研究。

（五）评测及监管机制的网络化

1. 效果评测体系网络化

在当前网络时代下，思想政治教育管理有着独立的评测标准，主要是根据日常管理工作和一些数据作为评测的主要依据，而对于评估目标检验的标准就看是否维护了社会稳定与推动社会和谐发展。首先考察思想政治教育管理者是否遵守职业规定、是否履行职能，在管理者职业规定中包含是否深入学生了解、是否对班级进行各项建设、是否对每位学生负责等。其次是看思想政治教育工作者有没有借助一些活动来具体实施教育教学，在此过程是否贯穿了思想政治教育思想，此标准也是一项动态指标。最后要观察思想政治教育管理者的教育成果，考察以班级为单位的班内学生干部、入党先进分子的思想状况是否符合积极向上、自强不息的精神，还要看入党的人数、受到处罚的人数，判断出一个总体趋势，这也是反应思想政治教育管理者的一个重要指标。

2. 监管机制网络化

关于思想政治教育管理工作，还有最重要的一点就是监管机制，监管机制能够表现出思想政治教育工作的合理性、科学性。思想政治教育的监管机制应当具有持久性和有效性，所以必须构建完备的监管机制，发挥出监管的最大活力，进行规范管理，确保高等学校思想政治教育工作顺利开展，不受其他因素管控和影响。监管机制的完善和落实，也是保证教育计划顺利开展的前提。当前高等学校主要通过以下四个方面落实监管机制。

第一，要从网络技术入手，增强网络技术的监控力度，建立合理的技术体系，过滤一些不良信息，防止网络不良言论等大量出现，不断更新技术，更新技术手段。通过对网络流量数据进出的严格监控，进行实时追踪，并及时处理，构建一个巨大的监控追踪体系。用这种方式兼加中国的法律法规，无形之中就形成了一种震慑力。提高网络技术的查处能力，能有效阻止一些不良网站的负面影响，通过正确引导，让学生走向正确的道路。

第二，推动网络道德教育的发展。网络具有虚拟性，但也需法律约束，开展网络道德教育十分必要，这能够增强学生的道德观念，规范自身的行为。俗话说，没有规矩不成方圆，网络只有用法律才能够规范人们的言论，明确不能碰触的红线。积极开展关于网络道德教育的活动，文明上网，不发表不切实际的文章，不传播淫秽色情图片，规范网络、净化网络从自身做起。通过投票建议、征文活动、问卷调查等方式开展有教育意义的活动，让网络环境更加健康。

第三，进行网络安全普法教育。中国是一个依法治国的国家，法律是一条不可触碰的红线，因此，大学生作为中华人民共和国的公民，应该遵守法律法规，规范言论，不散布谣言，不煽动他人情绪，不发表一些不负责任的言论。国家和相关部门加强立法，完善相关法律法规，高等学校也应对学生进行普法教育，增强法律意识，文明上网。当然思想政治教育也要与法律相融合，针对在网络上的不良言论坚决予以打击，并及时删除。

第四，对敏感的言论进行疏导。网络被各种各样的信息充斥着，所以会经常出现一些不良言论，有些还带有暴力倾向和煽动语言，在网络上，人人可以发表言论，但事实上每个人的素质不同，看待问题的出发点不同，很容易出现一些过激的言论，即使网络管理员能够限制其发言的权限，也很难做到监控每一个用户，但如果出现大量的反社会话题，网络就会停止和关闭。所以，网络也应当加强引导和管理，通过一些话题转移、官方回复等方式化解这些矛盾。

综上，本书详细地分析了影响教学评价的原因，在此基础上提出了增强思想政治课评价效果的建议和策略。其中，需要着重注意的是，影响思政课程教学评价效果的原因是多方面的，不能仅仅将教学效果不佳的原因归结于教师，要充分考虑实际情况，从教育主管部门、学校、学生和教师等层面构建起教育新合力。思想政治教育工作在实践中的落实与执行不能仅仅依靠相关主体的自觉性，更为重要的是要对工作的实施过程进行实时审视与监督。通过适当的监督，强化制度执行力。在高等学校全方位思想政治教育的实施中，加强对高等学校思想政治教育教学质量的监督评价是尤为必要的。

我们应该认识到思想政治教育对于高等院校学生今后的发展有着十分重要的作用。在教育改革的背景下，各地区的思想政治教学改革都取得了一定的成绩。但也需要认识到，新时代高等院校学生也面临着诸多价值困惑，迫切需要进行价值引导。从国外形势来看，西方国家进行意识形态渗透，各种社会思潮持续蔓延；从国内形势来看，改革开放进入深水区，各类利益矛盾凸显，功利主义、自由主义、消费主义价值观相互激荡。同时，互联网的虚拟性、互动性、联通性、开放性也给这些错误价值观的传播提供可乘之机，带给高等院校学生错误的价值导向。在各方面教学条件得以保障的情况下，思想政治课教师要发挥关键作用，要准确定位自己的职业角色，要使课程教学具有"引导性"而非"强制性"，通过教学内容完善和教学方法的更新让思想政治教育成为"有情、有用、有趣"的教育，让学生在自主、合作和探究中感受学习的乐趣，让学习成为一种享受而不是一种负担。除此之外，国家层面、高校层面拥有着许多与思想政治教育教学内容相关的课程资源，教师在进行教学时，要挖掘好资源，使资源成为教学内容创新的重要推力，发挥思想政治的教育作用。

由于笔者自身理论基础不够扎实、实践教学经验不足、问题分析能力欠缺，本书的理论提升程度还有待加强，对于不同高等院校思想政治课教学存在的问题只能根据学生课堂表现、学习成绩以及课后行为来进行分析，问题和解决对策可能存在着研究缺乏深度和系统性等不足之处，实证分析的科学性和系统性有待加强，希望各位专家和学者不吝赐教，给予一定的建议。

最后，希望通过本书的研究引发教育工作者对于高等院校思想政治课教学实效性不强的重视，希望各位学者在后续的研究中能够根据各地高校的实际教学情况进行探究，并且加深对各种教学方法在实际教学中运用的研究，共同为提高高等院校思想政治教育的实效性提供更多有价值的参考建议。总之，高等院校思想政治课承载着"立德树人"的关键使命，其教育的实效性存在很大的不足，需要引起各位专家、学者以及教师的充分重视。

参考文献

[1] 姜阳. 高校思想政治宣传工作创新研究 [J]. 记者摇篮, 2021 (01): 105-106.

[2] 崔德华. 习近平防范化解重大风险重要论述融入高校思想政治理论课教学探析 [J]. 阿坝师范学院学报, 2020, 37 (04): 20-29.

[3] 郭丹. 论新媒体时代大学生思想政治教育实现途径 [J]. 现代交际, 2020 (24): 120-122.

[4] 王光敏. "红船精神"融入高校思想政治教育的现实考量 [J]. 现代交际, 2020 (24): 129-131.

[5] 汪世婷, 卡依沙尔. 新时代青年教育观及其对高校辅导员工作的启示 [J]. 科教文汇 (下旬刊), 2020 (12): 33-34+54.

[6] 陈步伟. 新媒体时代高校思想政治"微教育"创新探索 [J]. 湖北开放职业学院学报, 2020, 33 (22): 13-14.

[7] 吴婧. 新媒体时代高校思想政治"微教育"模式创新研究 [J]. 普洱学院学报, 2020, 36 (03): 117-119.

[8] 蔡震宇, 薛勇. 国家治理视域下高校思想政治教育理念创新研究 [J]. 黑龙江高教研究, 2020, 38 (06): 118-121.

[9] 李丽. 高校思想政治理论课改革创新的三重向度——评《高校思想政治理论课改革：理论与实践创新》[J]. 学校党建与思想教育, 2020 (10): 95-96.

[10] 傅春长. 浅谈高校思政教育与创新创业型人才培养的有效融合路径——评《高校思想政治教育和创新创业教育协同育人研究》[J]. 中国党政干部论坛, 2020, (05): 98-99.

[11] 侯勇, 张腾飞. 新时代高校思想政治教育理论的创新发展——学习习近平总书记关于高校思想政治工作的重要论述 [J]. 河海大学学报

（哲学社会科学版），2019，21（06）：53-58+111.

[12] 李程锦. 论实践教学在高校思政教学中的创新与应用——评《高校思想政治理论课实践教学创新研究》[J]. 高教探索，2019（07）：2.

[13] 徐静茹. 当代大学生思想政治教育话语创新的现实方式研究——评《高校思想政治教育理论创新与实践探索》[J]. 高教探索，2019（07）：140.

[14] 何然. 高校思想政治教育与大学生创新活动的融合机制研究[D]. 重庆：重庆医科大学，2019.

[15] 姜明. 基于大数据时代高校思想政治教育模式创新探析[J]. 科技资讯，2018，16（29）：231+233.

[16] 侯勇. 新时代高校思想政治工作理论创新的哲学向度——学习习近平总书记关于高校思想政治工作的论述[J]. 思想理论教育导刊，2018（09）：128-131.

[17] 汤玉婷，冯文娟. 知识碎片化时代下高校思想政治教育创新性对策研究[J]. 湖北师范大学学报（哲学社会科学版），2018，38（04）：151-154.

[18] 郑智华. 新媒体视野下高校思想政治引领创新研究[J]. 吉林省教育学院学报，2018，34（06）：35-37.

[19] 石筠. 微时代高校思想政治教育的路径转换与方法创新[J]. 长春师范大学学报，2018，37（05）：156-158.

[20] 李茜. 高校思想政治教育的文化使命和创新发展研究[D]. 太原：中北大学，2018.

[21] 刘鹏飞. 新形势下高校思想政治工作改革创新路径探究——兼评《加强和改进新形势下高校思想政治工作十谈》[J]. 中国高教研究，2018（03）：113.

[22] 李维琴. 新常态下高校思想政治教育创新研究[D]. 昆明：云南师范大学，2017.

[23] 汤晓伶. 基于创新人才培养的高校思想政治教育现状及对策研究[D]. 保定：河北农业大学，2014.

[24] 王海建. 协同创新：高校思想政治教育创新发展的必然路径

[J]. 探索, 2013 (01): 139-143.

[25] 郭玉芝. 高校思想政治工作创新研究 [D]. 北京: 北京交通大学, 2010.

[26] 张影. 文化育人: 从大学文化的视角推进高校思想政治教育的创新与发展 [J]. 黑龙江科技信息, 2008 (29): 175-176.

[27] 高峰. 论高校思想政治教育的创新 [J]. 山东省青年管理干部学院学报, 2008 (04): 63-65.

[28] 任宇翔. 论科学发展观视野下的高校思想政治教育机制创新 [D]. 长春: 东北师范大学, 2008.

[29] 程晓奇. 加强高校校园文化建设, 开创新时期大学生思想政治教育新局面 [J]. 现代经济 (现代物业下半月刊), 2007, 6 (02): 237-239.

[30] 李健怡. 浅谈高校教职工思想政治工作的方法创新 [J]. 成都电子机械高等专科学校学报, 2006 (04): 29-32.